Katharina Del Pino

»Seid ihr deppert?«

Katharina Del Pino

»Seid ihr deppert?«

Erfahrungsbericht einer
dreiwöchigen F. X. Mayr-Kur …

Bibliografische Informationen der deutsche Nationalbibliothek
Die deutsche Nationalbibliothek verzeichnet diese Publikation in der
deutschen Nationalbibliografie; detaillierte bibliografische Daten sind
im Internet über http://dnb.dnb.de abrufbar.

© 2018 Katharina Del Pino
Satz und Layout: Buch&media GmbH München
Herstellung und Verlag: BoD – Books on Demand, Norderstedt
ISBN: 978-3-7460-0504-1
Printed in Germany

Inhalt

Der Entschluss oder
»Seid ihr deppert?«

Wie kommt man auf die Idee, sich die berühmt-berüchtigte »Semmel-Milch-Kur« anzutun? Nun ja, da gibt es sicherlich verschiedene mögliche Gründe. Von der Hoffnung, wieder in seine Jeans zu passen, bis zum rein gesundheitlich motivierten Fasten kann alles dabei sein. Bei uns bin ich mir allerdings bis heute nicht so ganz sicher, was der Auslöser war.

Auf jeden Fall sind Christoph (43), mein Lebenspartner, und ich (44) zu diesem Zeitpunkt im besten Alter – also kurz vor der Midlife-Crisis. Da macht man sich schon ab und zu Gedanken über seine Gesundheit. Das kennen Sie vielleicht. Bei uns zeigt sich das so, dass wir seit einem Jahr Yoga machen. Man will ja schließlich beweglich bleiben, etwas für den Geist tun und vielleicht auch noch ein bisschen Erleuchtung im Alter erreichen. Außerdem gehen wir nur noch in Nichtraucherlokalen essen, ernähren uns von verschwindend geringen Mengen Fleisch und das auch nur, wenn wir wissen, dass das Fleisch ein glückliches Leben hatte, natürlich möglichst bio. Sonnenbäder genießen wir nur nach 15 Uhr und dann auch nur 15 Minuten pro Seite. Achja, wir trinken gemäß der traditionellen chinesischen Medizin viel heißes Wasser und meditieren fünf Mal die Woche. Abgesehen davon benehmen wir uns wie alle anderen.

Und jetzt die Semmel-Milch-Kur? Eines ist mir schnell klar: Trendsetter werden wir mit dieser Idee keine werden. Wenn ich nämlich in einer gemütlichen Runde das Wort »Semmel-Milch-Kur« in den Mund nehme, um diverses Wissen herauszukitzeln oder zu erfahren, was das überhaupt ist, löst das bei meinen Mitmenschen im besten Fall einen ungläubigen Gesichtsausdruck oder ein Hände-über-dem-Kopf-Zusammenschlagen, im schlechtesten Fall gar ein »Seid ihr deppert!«, aus. Die Liebsten sind mir aber diejenigen, die sagen: »F. X. Mayr? Semmel lutschen den ganzen Tag? So ein Quatsch!« Als ich dann frage, ob sie die Kur schon mal gemacht haben, kommt die Antwort: »Nein.« Soviel zur Auskunftskompetenz.

Ich muss zugeben, ich lernte sehr schnell, das Thema F. X. Mayr-Kur aus meinem Small Talk zu streichen. Ich kann Ihnen sagen, es ist dafür absolut ungeeignet. Da kann man eher noch über »Tantrische Praktiken für 70 plus« referieren, ohne schief angeschaut zu werden als über die F. X. Mayr-Kur.

Nachdem also meine ersten Schritte, mehr über die Kur durch meine Mitmenschen zu erfahren, mehrere Male glänzend danebengegangen sind, beschließe ich, mich mit dieser Kur im stillen Kämmerlein ganz alleine auseinanderzusetzen. Jetzt will ich es erst recht wissen. »Ich muss sie ja nicht gleich machen«, denke ich mir, »aber dann weiß ich wenigstens, wofür oder wogegen ich mich entscheide«. Christoph ist außerdem auch immer ganz froh, wenn ich die Bücher lese und er dann »stromsparend« eine optimale Kurzfassung in perfekter mündlicher Form erhält. Das ist doch weniger anstrengend.

Ich kaufe mir also ein Buch. Hier gibt es unzählige Literatur und noch unzähligere Internetseiten. Das Buch »F. X. Mayr. Medizin der Zukunft«, von Dr. med. Harald Stossier und Dr. med. Monika Baronin von Hahn kann ich Ihnen wärmstens empfehlen. Ich gebe zu, irgendwie klingt das Wort Darmreinigung im ersten Moment nicht sehr ansprechend. Davon lasse ich mich in dieser Phase aber nicht abbringen, denn wenn ich etwas nicht ausstehen kann, ist es Halbwissen. Sollte M I C H in naher Zukunft also irgendwer nach der F. X. Mayr-Kur fragen, er würde kompetent Auskunft erhalten, das steht fest. Und so ist mein erklärtes Ziel schnell definiert: Ich werde Profi der Darmreinigung, vorerst zumindest in der Theorie.

Anmerkung: Laut Dr. med. Erich Rauch verfolgt die Mayr-Kur zwei Ziele. Erstens die Verbesserung des Gesundheitszustandes, welche allerdings nicht schon während, sondern oft erst ein bis drei Monate nach Abschluss der Kur eintritt. Er führt aus, dass der Organismus meist Zeit benötigt, um sich auf die neue und verbesserte Situation einzustellen und so eine umfassende Regeneration zu erreichen. Und zweitens soll sich dieser gewonnene Zustand weiter verbessern und die neue Ernährungsweise auch logisch und konsequent umgesetzt werden. (S. 70, Die Darmreinigung)

Abend für Abend lese ich in diesem Buch. Nach der Lektüre sind mir drei Dinge klar:

1. Dass ich das machen will, für meinen Körper und meine Gesundheit. Ich gebe zu, nicht ganz ohne den Hintergedanken, dass vielleicht ein angenehmer Nebeneffekt in Form einer optischen Verjüngung oder ein paar Kilo und mancher Falten weniger drin sein könnte. Diese Hoffnung will ich mir nicht nehmen lassen, denn sie stirbt ja bekanntlich zuletzt. Ich habe also eine offizielle Motivation, welche ich nach außen ganz klar formuliere und die wie folgt klingt: »Nur für die Gesundheit, das Auto bringt man ja auch einmal im Jahr zum Überholen in die Werkstatt!« und die inoffizielle Motivation: »Abnehmen und zehn Jahre jünger ausschauen.« Ich bin überzeugt, Christoph ist insgeheim auch eher von der inoffiziellen Motivation getrieben, was er natürlich nie zugeben würde.

2. Wenn ich die Kur mache, dann gönne ich mir das volle Programm über drei Wochen und zwar in einem Kurhotel. Sie müssen wissen, es gibt auch noch eine andere Variante, nämlich die sogenannte – ich nenne sie – »Nebenbei-Kur«. Ich habe an meinem Arbeitsplatz Kollegen erlebt, die diese Kur nebenbei, also neben der Arbeit, machten. Als sie mir beschrieben, wie sie das machten, war mir sofort klar: neben der Arbeit? Niemals! Zwi-

schen dem Arbeiten auch noch Basenpulver schlucken, nichts essen und nach der Arbeit bei einem Arzt Bauchmassagen im Laufschritt abholen? Nein danke! Das klingt nicht nach Erholung und Regenerierung, sondern nach Stress, vor allem für den Körper. Mein Bauchgefühl sagt mir, dass das nicht meine Welt ist. Wenn ich etwas mache, dann gründlich. Außerdem der Gedanke »Nichts essen und chillen« gefällt mir wesentlich besser als »Nichts essen und arbeiten«. Können Sie mir folgen?

3. Nun war klar, dass Christoph das auch will. Besonders die Aussage, dass Darmträgheit hässlich und alt macht, wie Dr. med. E. Rauch erwähnt, hat ihn überzeugt. Männer sind ja doch auch eitel. Dank meiner professionellen kurzen Zusammenfassung des Buches kann er nun völlig aufwandfrei und entspannt in die Kur starten. Er weiß ja nun auch, dass ich weiß, worum es geht, und er geht mit.

Kurz zusammengefasst erwarten uns gemäß Dr. med. E. Rauch folgende Phasen der Kur:

Schonung :	Einen Gang herunterschalten; verminderte, monotone Nahrungszufuhr
Säuberung:	Großreinemachen von innen
Schulung:	Pflege der Esskultur
Substitution:	Regulation durch Mineralstoffe, Spurenelemente und Vitamine

Klingt spannend, oder? Ich mache mich also auf die Suche nach einem für uns geeigneten Kurhotel.

Es gibt ja unzählige Hotels im Internet, die diese Kur anbieten. Meine Ansprüche sind die folgenden: Es soll ein Wohlfühlhotel sein, möglichst im Grünen, nicht zu weit weg und ich muss das Gefühl haben, dass ich dort gut aufgehoben bin. Und es soll ein Kurhotel sein, denn das kenne ich nur aus Geschichten. Das Kurleben möchte ich nun aber endlich einmal höchstpersönlich erleben. Nach einem Abend im Internet finde ich ein sehr sympathisches Hotel in Bad Grönenbach im Allgäu in Süddeutschland. Es scheint einfach alles zu passen. Das Haus liegt in einer wunderbaren Umgebung, direkt an einem Schwimmteich, hat einen wunderbaren, traumhaft großen Garten mit altem Baumbestand und vielen Rückzugsmöglichkeiten, schöne Zimmer und die Küche klingt auch verlockend. Wobei wir wohl sowieso nicht viel von der Küche werden kosten dürfen. Der Name des Hotels: Gesundheitsresort & Spa Bad Clevers.

Am nächsten Morgen rufe ich im Hotel an. Gebucht! Die professionelle, sehr freundliche und nette telefonische Zimmerreservierung überzeugt mich auf ganzer Linie. Plötzlich ist es fix. Wir haben ein Doppelzimmer mit der F. X. Mayr-Kur für drei Wochen gebucht.

F. X. Mayr-Kur – wir kommen und freuen uns wie Honigkuchenpferde! Aber nicht lange, denn wie sich in den nächsten Tagen herausstellt, haben wir noch eine Hürde zu nehmen: die Reaktionen unserer Nachbarn und Freunde. Ich hätte nicht gedacht, dass die Kur schon so anstrengend ist, bevor man noch die erste Semmel gelutscht hat.

Drei Wochen Urlaub ohne Essen

Gefragt nach unseren Urlaubsplänen, ein übrigens beliebtes Thema vor der Ferienzeit, stellt sich bald heraus, dass dies die größte Herausforderung des Projektes »F. X. Mayr-Kur« ist. Ich muss vorweg schicken, dass wir unsere Nachbarn, Rudolf und Paula, sehr mögen, aber sie schaffen es doch tatsächlich, uns daran zweifeln zu lassen, ob die Kur wohl eine gute Idee gewesen ist.

Als wir beim Grillen gemütlich bei einem Gläschen Wein sitzen, meint Rudolf lapidar: »Was, ihr geht drei Wochen nach Süddeutschland? Da ist das Wetter ja genauso schlecht wie bei uns!« Sie müssen wissen, das Gesundheitsresort & Spa Bad Clevers liegt tatsächlich nur eine Autostunde von unserem Zuhause entfernt, genauer gesagt in Bad Grönenbach. Klimatisch sind also keine Wunder zu erwarten, sollte bei uns eine Schlechtwetterphase eintreten. Aber damit nicht genug. Er setzt ein für uns noch demotivierenderes Argument drauf: »Also, wir fahren nächste Woche nach Italien, einfach drauf los. Ich freue mich schon auf das italienische Essen, die Pizza, die Spaghetti und das Tiramisu.« Innerlich drängt sich mir hier Handlungsbedarf auf, nämlich meinen lieben Nachbarn hier und jetzt eigenhändig zu erwürgen. Allein meine gute Erziehung hält mich davon ab. Durch ihn wird uns wieder einmal klar, dass für die meisten Menschen Urlaub mit weit-weg-fliegen oder weit-weg-fahren verbunden ist, und vor allem mit viel gutem Essen. Ein paar Kilo mehr sind praktisch immer schon in den Urlaub mit eingerechnet, um nicht zu sagen ein »Muss«. Bei uns dieses Mal nicht. Da wir unsere lieben Nachbarn noch länger als liebe Nachbarn haben möchten, ersparen wir uns lange Erklärungsversuche. So nippen wir schweigend am Wein und lächeln aus Höflichkeit. Innerlich fragen wir uns aber schon, ob es eine gute Idee war.

Ein paar Tage später treffen wir dann noch einen alten Freund meines Vaters, den Herbert. Er meint: »Was? Dein Freund hat nur drei Wochen Urlaub und macht eine Kur, in der er nichts zu essen bekommt?« Es ist für ihn völlig unvorstellbar, in der hart verdienten Urlaubszeit nichts zu essen. Wo soll da das Urlaubsgefühl sein? Ich will ihm schon ein Buch zum Thema Darmreinigung empfehlen. Christoph aber pfeift mich gerade noch zurück.

Auch noch in Erinnerung ist mir mein lieber Freund Stefan, der uns allerdings fast die restliche mickrige Motivation nimmt. Nachdem er unsere »Urlaubspläne« erfährt, meint er souverän grinsend: »Also, ich fahre drei Nächte an den Lago Maggiore zum Surfen, Fünf-Sterne-Hotel, für 250 Euro inklusive Halbpension. Und ihr zahlt 2.700 Euro für drei Wochen nichts essen, hahaha.« Leider bin ich nicht schlagfertig genug. Ich hätte erwidern sollen: »2.700 Euro für die Gesundheit, mein Lieber!«

Christoph will mich zu Hause mit »Stefan würde eine Semmel-Milch-Kur auch nicht schaden, bei dem Waschbärbauch!« etwas aufmuntern. Für uns war ja Urlaub bis jetzt auch immer mit gutem Essen verbunden – eigentlich sogar eine der wichtigsten Konstanten. In unserem Freundeskreis hat sich auf jeden Fall niemand gefunden, der uns begeistert zu unseren Urlaubsplänen gratuliert hat. Es hätte schon gereicht, wenn wenigstens ein Einziger irgendetwas Positives gesagt hätte. Das war aber nicht der Fall. Nur wir alleine versuchen uns weiter, die Kur schönzureden. Bei jeder Gelegenheit heben wir die voraussichtlichen gesundheitlichen Effekte hervor. Reine Notlösung, aber wir lassen uns nicht mehr davon abbringen.

Wenn Sie sich also für die Kur entscheiden, werden Sie viel Kraft brauchen, allerdings nicht um die Kur zu überstehen, sondern die Phasen vor der Kur. Mein Tipp: Erzählen Sie es niemandem. Hauen Sie einfach ab und tun Sie etwas für sich. Verhalten Sie sich unauffällig. Fackeln Sie nicht lange.

Schlaue bereiten sich vor

Aufgrund des genauen Studiums des Buches »Die Darmreinigung nach Dr. med. F. X. Mayr« von Dr. med. Erich Rauch weiß ich ja einiges in der Theorie. Da aber nun bald die Praxis folgen soll, beschließe ich, die Theorie in Taten umzusetzen.

Um nämlich die Kur und die für den Körper im ersten Moment ungewöhnlichen Umstände etwas abzufedern, kann man zwei Wochen vor Kurbeginn schon mal andere Zeiten einläuten. Man könnte auch sagen, dass eine gewisse Angst vor Kopfweh und Unwohlsein bei zu abruptem Übergang vom normalen Essen zur Kur uns zur Vorbereitung anspornt. Die Tipps im Buch nehmen wir uns zu Herzen und setzen sie der Reihe nach um.

Für uns heißt das als Erstes, den Zucker wegzulassen. Ich muss zugeben, die wahrscheinlich schwierigste Aufgabe, da bei uns Zucker, und wenn es nur in Form eines Stückchens Schokolade zum Nachmittagskaffee ist, praktisch jeden Tag auf dem Programm steht. Ob Sie es glauben oder nicht, aber für Christoph gleicht das schon fast einer Strafe. Sein Tag sieht ernährungstechnisch bis jetzt so aus: Marmelade zum Frühstück, ein kleines Nussschneckchen am Nachmittag und am Abend noch die restlichen Kekse in der Packung. Das stellt für ihn keine Herausforderung dar. Er verschlingt, im Gegensatz zu mir, Unmengen von Süßem. Wenn ich Ihnen nun ein Foto von ihm zeigen würde, würden Sie es mir nicht glauben. Total durchtrainiert, kein Gramm Fett, eine Figur wie ein Athlet. Er verkörpert für uns Frauen »leider« die Tatsache, dass Männer eben die besseren Verbrennungsmaschinen sind. Sie nehmen nicht einmal vom Essen einer Schokolade zu, geschweige denn, wie wir Frauen, vom bloßen Anschauen. Tja, damit müssen wir Frauen wohl leben. Ich glaube, wenn Christoph zur Kur einläuft, denkt sich jeder im Hotel: »Wieso isst der nur Milch und Semmel, der hat das doch gar nicht nötig!« Zu solchen Kommentaren würde ich nach der Kur sagen, dass derjenige nichts, aber auch gar nichts verstanden hat.

Erstaunlicherweise ist für mich hingegen die Hürde Zucker kein Problem. Wahrscheinlich hält mich die Angst, sonst bei der Kur besonders leiden zu müssen, davon ab, zur Schokolade zu greifen. Insgeheim rechne ich bereits mit den schlimmsten Entzugserscheinungen.

Des Weiteren hören wir sofort mit dem Kaffee auf. Die Folge bei uns ist starkes Kopfweh, zum Glück aber nur für ein bis zwei Tage. Wir wussten bis zu diesem Zeitpunkt nicht, dass wir schon so abhängig vom Koffein sind. Der Entzug ist nicht lustig, vor allem wenn man Kopfweh sonst nicht kennt. Trotzdem sind wir froh, die Kopfschmerzen jetzt zu haben und nicht während der Kur. Da erwarten uns sonst sicherlich noch genügend Strapazen, denken wir uns zumindest.

Der Ratschlag, auch Frittiertes wegzulassen, fällt uns am Leichtesten. Das essen wir nämlich so gut wie nie. Darum ist es die einfachste Übung für uns.

Alkohol lassen wir eine Woche vor Kurbeginn auch weg. Das fällt uns relativ leicht, da wir an einer Flasche Rotwein oft eine Woche lang trinken, Alkohol also nur sehr maßvoll genießen.

In der letzten Woche vor der Kur lassen wir dann auch noch Folgendes strikt weg: Fettes, Schweinefleisch, Vollkornprodukte, rohes Obst und Gemüse (vor allem am Abend).

Ein bisschen wundert mich der Ratschlag, Vollkornprodukte und rohes Obst und Gemüse wegzulassen. Schließlich wird doch immer gesagt, dass das so gesund ist. Anscheinend hat es doch nicht nur Vorteile.

Der Tag der Abreise rückt immer näher und irgendwie sind wir froh, dass es nun bald losgeht. Zuhause diszipliniert zu sein, erscheint uns doch etwas anstrengend. Schließlich lächeln uns die Kekse immer wieder aus dem Küchenregal an. Einmal in der Kur, werden wir uns wohl keine Blöße geben und schön brav alles tun, was auf dem Kurplan steht. Davon sind wir überzeugt. Einmal mehr ist für uns die Vorstellung, die Kur zu Hause zu machen und nebenbei noch zu arbeiten, ein Ding der Unmöglichkeit. Und dabei haben wir mit der Kur noch gar nicht begonnen. Aber unsere Einstellung ist positiv. Wir haben uns eingelesen, uns vorbereitet, ja wirklich auf die Kur hingelebt. Wir haben also den Eindruck, dass wir gut vorbereitet sind. Mal schauen, ob wir Recht behalten werden.

Tun Sie das auch, dann wird die Kur »verträglicher« und Sie haben diverse Nebenwirkungen, wie z. B. Kopfweh aufgrund des Kaffeeentzugs, dann schon hinter sich. Freuen Sie sich auf die Kur! Versuchen Sie es zumindest.

Tag 1
Galgenfrühstück und Anreise

Heute Morgen frühstücken wir nochmals ein gutes Sauerteigbrot mit richtiger Kruste in Anbetracht der Tatsache, dass das Essen in den nächsten Tagen wohl sehr reduziert ausfallen wird.

Dann geht es ans Kofferpacken. Vor allem Trainingsanzug und Schlabberlook finden darin Platz. Okay, ein halbwegs ordentliches Outfit auch, aber schließlich sind wir ja auf Kur und nicht auf Schönheitswettbewerb. Wir stellen uns schon vor, wie wir zwischen 50- bis 70-Jährigen im Bademantel durch die Gegend watscheln.

`10:30`

Wir fahren los. Innerlich haben wir uns, glauben wir zumindest, gut auf das, was da kommt, eingestellt. Aber ein Rest von Spannung und Unsicherheit ist sicher vorhanden. Während der Fahrt muss ich nochmals laut lachen, weil mein Freund vorgestern beim Verspeisen von zwei Zwetschgenknödeln – meine Mutter hatte uns mit großer Besorgnis nochmals zu einem »gescheiten« Essen eingeladen – mit schlechtem Gewissen bezüglich der Tatsache, dass er eigentlich nichts Süßes mehr essen sollte, anmerkte: »Ich glaube, ich werde die milde Ableitungsdiät von F. X. Mayr machen.« Darauf konnte ich mir nicht verkneifen zu sagen: »Die besteht aber auch nicht aus Zwetschgenknödeln und Kaiserschmarrn.«

Schlau wie wir sind, haben wir auf der Homepage unseres Hotels entdeckt, dass es am Sonntag ein Mittagsbuffet gibt. Daher war für uns klar – bevor wir am Montag mit der Kur beginnen, bei der uns aller Voraussicht nach nicht viele kulinarische Höhenflüge erwarten werden – reisen wir zeitlich genau so an, dass wir uns noch einmal ausgiebig am Buffet laben können. Wir sind uns einig, dass das ein guter Plan ist!

Gesagt, getan. Wir rollen um 12:15 Uhr pünktlich zum Mittagessen im Hotel an. Bereits auf dem Weg zur Rezeption ist uns klar: Hier erwarten uns köstliche Leckereien! Zumindest wenn man die verschiedenen Gerüche frei interpretiert, die wir beim Check-in wahrnehmen: Rindsbraten, Zwetschkenkuchen, Sauerkraut, Knödel und frisch gebackenes Brot.

12:30

Der Empfang ist ausgesprochen herzlich. Wir checken in ein schönes Doppelzimmer ein, mit herrlicher Terrasse und Blick auf den Wald. Schnell deponieren wir die Koffer im Zimmer, um keine Minute zu verlieren.

Hoffnungsvoll schreiten wir dann mit einem souveränen Lächeln hinunter zum bereits beim Einchecken georteten leckeren Mittagsbuffet. Wir freuen uns riesig auf die Galgenmahlzeit, denn irgendwie wird uns beim Gedanken, ab heute Abend nichts mehr zu essen, nun doch ein wenig komisch. Wir schreiten an den bereits schlemmenden Kurgästen vorbei zu unserem Tisch und stellen uns geistig bereits unser Menü zusammen: Also ich nehme mir als ersten Gang voraussichtlich die Speckrahmsuppe mit frischem Brot, anschließend gönne ich mir die hausgemachten Tortellini und zum Abschluss werde ich mir noch etwas Obst und den frisch gebackenen Marillenkuchen einverleiben. Ich glaube, bei Christoph läuft ein ähnlicher Film ab. Ich habe den Eindruck, dass er nun doch an der Kur zu zweifeln beginnt. Nun ist es aber zu spät, umzukehren. Es läuft uns das Wasser im Mund zusammen. Wir schmunzeln über unsere geniale Idee zu dieser Galgenmahlzeit in Form eines Buffets. Wir möchten uns ja schließlich noch von allen Leckereien einzeln und höchstpersönlich verabschieden.

Als wir da so an unserem Tisch sitzen und auf die Getränkebestellung warten, die Gerüche der Speisen inhalieren und uns sprungbereit für das Buffet machen, tritt die Servicekraft an unseren Tisch. Ihr Lächeln ist bezaubernd. Ihre Botschaft grauenhaft! Der Küchenchef hat von unserer frühen Anreise erfahren und ist nun so nett (die Betonung liegt auf »nett«), uns noch rasch ein frisches Kartoffel-Karotten-Süppchen zuzubereiten, sozusagen bereits als Vorbereitung auf die Kur.

»Soooo nett und aufmerksam«, müssten wir hier eigentlich bemerken, aber danach ist uns gar nicht zumute. Wir spüren, wie langsam die Enttäuschung in uns aufsteigt. Unser Magen zieht sich zusammen. Unser Plan, uns unauffällig unter die normalen Gäste zu mischen und uns nochmals am Buffet zu laben, scheint nicht aufzugehen. Ehrlich gesagt ist uns innerlich zum Weinen, äußerlich lassen wir uns natürlich nichts anmerken. Das wäre ja gelacht. Wir legen einen souveränen Gesichtsausdruck auf und lächeln den anderen Gästen zu. Diese erste Blöße wollen wir uns nicht geben. Innerlich spüre ich schon einen ersten Anflug von Aggression gegenüber den anderen Gästen, die sich nach Lust und Laune am Buffet bedienen. Also beim Körperumfang einiger Gäste würde ich ihnen liebend gerne zu einem Süppchen statt den Rahmtortellini raten, natürlich mit einer kleinen Portion Gehässigkeit. Nun gilt es aber, Haltung zu bewahren. Das soll wohl die erste Prüfung sein, ob wir für die Kur auch wirklich die richtige Einstellung haben. Wir haben sie definitiv noch nicht. Das ist uns nun klar.

Wenige Minuten später sitzen wir vor einem riesigen Topf Suppe, den wir komplett auslöffeln. Auch hier wiederum vermute ich, dass wir aus Angst vor den nächsten nicht-existenten Mahlzeiten etwas mehr essen, um magentechnisch einen Vorrat zu bunkern. Es sagt sich eben so leicht, eine Kur zu machen, bei der man, relativ zum Buffet gesehen, nichts zu essen bekommt.

`15:00`

Um 15:00 Uhr habe ich meinen Arzttermin mit Erstuntersuchung. Bei Erstanamnese braucht der Arzt Fakten, das heißt unter anderem auch das Gewicht. Super! Wieso muss man auch immer auf die blöde Waage steigen! Was ich auf keinen Fall wissen will, ist mein aktuelles Gewicht. Nun bleibt mir aber nichts anderes mehr übrig. Ich steige mit Widerwillen auf die Waage, halte mir aber die Augen zu und bitte die Ärztin, mir erst am Schluss der Kur, also in drei Wochen, zu sagen, wie mein Endgewicht ist. Schließlich steige ich seit Jahren nicht mehr auf die Waage, sondern orientiere mich mehr oder weniger an den Kleidergrößen und Gürtellöchern. Umso spannender wird es sein, wie mein Gewicht nach den drei Wochen lauten wird. Auf jeden Fall weniger als jetzt, hoffentlich! Das ist ja auch meine geheime Motivation. Beim Blutdruckmessen wird festgestellt, dass er niedrig ist (110/80), was bei mir nicht so unüblich ist. Frau Angerer-Schmidtchen, meine Mayr-Ärztin, meint, den werden wir in den nächsten Tagen täglich kontrollieren. Anscheinend kann beim Fasten der Blutdruck noch mehr sinken.

Bei der Erstuntersuchung erhalte ich auch das Bittersalz mit Anweisungen zur Einnahme sowie Tabletten, die meinen Säure-Basen-Haushalt unterstützen sollen.

`15:45`

Mit dem Hinweis auf möglichst viel Ruhe und Entspannung, vor allem in den ersten Tagen, die anscheinend nicht so angenehm werden sollen, und der Zusicherung, dass die Euphorie mit Ausschüttung der Endorphine nach drei bis vier Tagen einsetzen würde, mache ich mich auf den Weg ins Zimmer. Dort angekommen stelle ich mir gleich ein heißes Wasser auf, um mein bereits jetzt schon aufkommendes Hungergefühl zu dämpfen. Dabei habe ich doch erst vor drei Stunden gegessen! Aber kein Wunder, denn mein Magen ist Suppe als Hauptmahlzeit nicht gewohnt.

Was mich beruhigt ist, dass wir in guter ärztlicher Betreuung sind und praktisch jeden Tag einen Arzttermin haben. Strenges Fasten sollte gemäß unserer Mayr-Ärztin Frau Angerer-Schmidtchen unter Aufsicht erfolgen, denn jeder Körper reagiert anders. »Viel trinken, viel trinken, viel trinken und 50 Mal kauen« lautet das Leitmotto für die nächsten Tage. Bis jetzt hatte ich 50 Mal kauen für ein Wienerschnitzel mit Pommes in Summe gebraucht. Das wird spannend!

Die Anzahl der Tage des strengen Fastens innerhalb unserer drei Wochen Kur können wir relativ spontan bestimmen, meint Frau Angerer-Schmidtchen, je nachdem, wie lange die Motivation anhält und wie wir uns fühlen. Das ist eine sehr motivierende Nachricht! So hat man doch noch ein bisschen das Zepter in der Hand und kann, wenn man gar nicht mehr kann, das strenge Fasten beenden und mit der Aufbaukur beginnen. Aber nun schauen wir mal, wie es uns gehen wird.

Als sie uns den Kurplan überreicht, beschleicht mich ein seltsames Gefühl. Mein erster Kurplan! Bin ich wirklich schon so alt? Auf jeden Fall fühle ich mich innerhalb weniger Sekunden um 30 Jahre gealtert. Für mich war eine Kur bis jetzt immer etwas für ältere Menschen mit allerlei Beschwerden und Wehwehchen. Ich hingegen hatte ja gar keine Beschwerden! Muss ich umdenken? Kann es sein, dass eine Kur dazu da ist, auch schon in jungen Jahren – und so fühle ich mich zumindest: jung und knackig – auf seinen Körper zu schauen und dann eben im Alter keine oder weniger Wehwehchen zu haben? Ich diskutiere das später im Zimmer mit Christoph. Wir kommen zu dem Schluss, dass wir ganz schön stolz auf uns sind, an dieser Kur als Junggemüse teilzunehmen. Wir fühlen uns reifer als unsere Nachbarn, die im Urlaub noch Pizza und Tiramisu verschlingen. Es kommt uns »vorsteinzeitlich« vor, wie die sich verhalten haben, unverständlich! Wir steigern uns richtig hinein und stellen am Schluss fest, dass wir wohl nun leicht überheblich werden. Es könnte sich auch um einen verzweifelten Versuch der Selbstmotivation handeln, der Versuch, die Angst vor den nächsten Tagen zu überdecken. Angst? So ein Quatsch! Eine Generalsanierung in der Fast-Mitte des Lebens kann doch wohl nicht schaden, oder? Wie war das nochmal mit dem Auto und dem Service?

Als ich kurz vor dem Einschlafen einen genaueren Blick auf meinen Kurplan werfe, wird mir klar: Dieses straffe Programm schlägt jedes Management-Seminar, das ich bisher besucht habe. Eine »Veranstaltung« jagt die nächste. Massagen werden von Gymnastik und Arztbesuchen abgelöst. Mein erster Gedanke dreht sich mal wieder um das zwar jetzt noch nicht vorhandene, aber doch schon beängstigende Hungergefühl, das ich mir schon in allen Facetten und Zuständen ausmale. Ich sage mir nämlich: »So viel Programm ist ideal, um vom sicher dauernd vorhandenen Hungergefühl abzulenken.« Alles dreht sich in meinem Kopf um Hunger. Man könnte meinen, mein Körper habe die letzten Jahre mehrere große Hungersnöte durchmachen müssen. Ich werfe einen Blick in den Spiegel. Also von Hungersnöten kann bei der

Betrachtung meiner weiblichen Rundungen keine Rede sein. Ich würde eher sagen: »Diesen Körper formten Nusskipferl und Marillenknödel«. So schlecht scheint es also meinem Körper nicht gegangen zu sein. Große Erfahrung mit Hungergefühlen hat er eindeutig nie gehabt. Es ist eher so, dass mein Verstand, seit die Kur »droht« nur noch ans Essen denkt. »Aber nicht mehr lange«, denke ich bei mir, »außerdem hat mein Körper nun die Möglichkeit, seine stillen Reserven aufzubrauchen.«

Und so sieht die erste Woche meines Kurplans aus:

Kurplan 1. Woche:

Datum	Uhrzeit	Anwendung	Unter-schrift Arzt
Sonntag, 24.7.	15:00 Uhr	Arzttermin	
Montag, 25.7.	8:35 Uhr	Wechselbad für die Arme mit Fichtennadeln	
	15:00 Uhr	Bauchbehandlung	
Dienstag, 26.7.	8:05 Uhr	BIA-Messung nüchtern im Bademantel	
	8:20 Uhr	Labor	
	9:15 Uhr	Meersalz-Algenbad 20'	
	15:00 Uhr	Bauchbehandlung	
Mittwoch, 27.7.	6:30 Uhr	Heublumensack im Zimmer	
	8:00 Uhr	Kneipp'sche Wechselanwendung	

	10:00 Uhr	Bauchbehandlung	
	15:25 Uhr	Lymphdrainage 60'	
Donnerstag, 28.7.	7:30 Uhr	Kneipp'sche Wechselan- wendung	
	9:00 Uhr	Bauchbehandlung	
	11:45 Uhr	Entspannungsübungen	
	15:20 Uhr	Aromamassage 60'	
Freitag, 29.7.	7:30 Uhr	Kneipp'sche Wechselan- wendung	
	8:00 Uhr	Labor	
	9:20 Uhr	Entschlackungspackung 30'	
	11:00 Uhr	Bauchbehandlung	
Samstag, 30.7.	7:30 Uhr	Kneipp'sche Wechselan- wendung	
	11:00 Uhr	Wirbelsäulengymnastik	
	14:00 Uhr	Aromakörperwickel 90'	
usw.			

Christophs Kurplan sieht ähnlich aus, aber mit versetzten Zeiten. Wenn ich »frei« habe, muss er zu den Behandlungen. »Super!«, denke ich mir, dieser »gemeinsame« Urlaub. Ich hoffe, dass ich ihn wenigstens ab und zu im Bademantel im Gang kreuzen werde.

Es tröstet mich, dass viele Punkte auf dem Kurplan schon sehr verlockend klingen, wie zum Beispiel die Aromamassage oder das Meersalz-Algenbad. Na ja, vielleicht wird es ja doch noch ein Wellness-Urlaub.

Heute Abend wird es nochmal ein Süppchen für uns beide geben. Gedanklich kann ich mich immer noch nicht daran gewöhnen, nichts zum Beißen zu bekommen. Meine Gehirnwindungen denken intensiv darüber nach, ob es sich hier nicht doch um einen schlechten Scherz handeln könnte. Insgeheim hoffe ich sowieso, dass ich die ersten vier Tage verschlafen werde. Meine Theorie lautet: Wenn ich schlafe, merke ich nicht, dass ich Hunger habe. Hoffentlich ist das so.

18:00

Verglichen mit einem Wellness-Hotel mit Halbpension, wo die Gäste innerhalb eines bestimmten Zeitraums zum Essen erscheinen können, ist es hier ganz anders. Der Zeitpunkt des Essensbeginns ist genau festgelegt. Für das Abendessen ist dies 18:00 Uhr.

Kurz vor 18:00 Uhr schaue ich dem Radiowecker zu, wie die Minuten vergehen, in Vorfreude auf das gebundene Süppchen. Ich wusste nicht, dass man sich soooooo auf ein gebundenes Süppchen freuen kann! Es sollte nämlich das letzte gebundene Süppchen für mich sein. Ab morgen gibt's für mich nur noch klare Brühe. Unglaublich, wie sich Dinge relativieren, wenn die Aussichten schlechter werden.

Wir sind schon etwas früher unten, verständlicherweise, da uns der Hunger plagt. Langsam, aber sicher scharen sich immer mehr Kurgäste auf dem Gang vor dem Restaurant. Wir wundern uns noch, warum keiner seinen Platz aufsucht. Dann plötzlich kämpft sich eine Servierdame durch die mittlerweile groß gewordene Menschenansammlung, greift zu einer Schnur und bimmelt lautstark mit einer Glocke. Erst jetzt werden die Türen zum Restaurant geöffnet und jeder nimmt seinen Platz ein. Wir finden es lustig und eine gute Idee. Vor allem Gäste, die streng fasten, würden sonst wahrscheinlich schon eine halbe Stunde vor Essensbeginn an ihrem leeren Tisch sitzen und ein Schnitzel herbeibeten. Dafür hätte ich in meinem momentanen Zustand vollstes Verständnis. Interessant ist aber, dass vor allem diejenigen, die Vollpension genießen – ich erblicke den Herrn von gestern, der sich auf eine überdimensionale Portion Rahmtortellini stürzte – die Ersten vor der Restauranttüre sind und schon scharren, als ob sie auch streng Fastende wären. In Wirklichkeit sind sie vom reichhaltigen Frühstücksbuffet fast nahtlos in das dreigängige Mittagessen und anschließend zu Kaffee und Kuchen am Nachmittag geglitten. »Die können doch gar keinen Hunger haben!«, denke ich so bei mir. Die »normalen« Kurgäste scheinen zu testen, wie viel sie essen können, die F. X. Mayr-Kurgäste, mit wie wenig man auskommt.

Die überwiegende Mehrheit der Gäste ernährt sich offensichtlich normal oder etwas reduziert, indem sie das zweite Stück Kuchen am Nachmittag weglässt (kleine sarkastische Anmerkung der Autorin), mit tollem Frühstücksbuffet und Drei-Gänge-Menü mittags und abends.

Die Servierdame bietet uns mit einem mitleidigen Unterton an, dass wir, wenn wir möchten, abseits der Schlemmenden in der Kaminstube unser Essen einnehmen können. Wir streng Fastenden sind wohl im Moment ganz klar in der Unterzahl. Da ich mich im Geiste schon neben dem Schnitzelesser an meiner Suppe zuzeln sehe, erscheint mir das Angebot als Rettung. Den Schnitzelgeruch in der Nase und die Suppe im Teller, das ist mir dann doch zu extrem. Das scheint mir wirklich ein Zuviel an Herausforderung. Christoph pflichtet mir bei und so beschließen wir, uns in der Kaminstube mit einigen anderen F. X. Mayr-Kurgästen niederzulassen.

In diesem Raum ist es besonders angenehm. Es ist eine schön renovierte und geschmackvoll eingerichtete alte Stube mit offenem Kamin und Spitzenvorhängen. Uns gefällt es auf den ersten Blick. Irgendwie ist hier alles ruhiger als »drüben« im Restaurant. Denn dort wird geschlemmt, gleichzeitig diskutiert und lautstark gelacht. Hier hingegen, schlürfen und »kauen« die Kurgäste wortlos an ihren Suppen. Die Anweisung lautet ja: langsam kauen und möglichst wenig sprechen. Herrlich!

Wir genießen unsere letzte gebundene Suppe. Sie ist wirklich ein Gedicht. Am liebsten würde ich den Küchenchef gleich nach dem Rezept fragen, denn ich bin ein Suppenkasper. Ich liebe Suppen, aber eben nicht nur!

In Anbetracht der Tatsache, dass es ab morgen nur noch klare Suppe gibt, kommt uns diese Suppe vor wie ein Schnitzel mit Bratkartoffeln. Wir zuzeln einen Liter Suppe und sind dann wirklich satt. Auf dem Weg ins Zimmer diskutieren wir, proppenvoll, wie lange dieses Sättigungsgefühl der Suppe wohl anhalten wird. Christoph ist überzeugt, dass das wohl nicht lange sein kann. Ist es Skepsis oder Angst vor dem Hunger? Ich bemerke, dass wir Hunger an sich wahrscheinlich gar nicht mehr kennen, da wir immer schon rechtzeitig etwas in uns hineinstopfen, um ja keinen Hunger aufkommen zu lassen. Dafür ist die Angst davor umso größer. Bei diesen Gedanken müssen wir schmunzeln. Innerlich wissen wir beide, dass es tatsächlich so ist. Hunger ist für uns fremd geworden. Und für Sie?

19:00

Nach diesem erlebnisreichen ersten Tag mit vielen neuen Erkenntnissen, vor allem über uns selbst, beschließen wir noch einen Abstecher in die Sauna zu machen. Christoph würde wahrscheinlich gemütliches Zappen durch die Fernsehkanäle vorziehen, aber da es im Zimmer keinen Fernseher gibt, hat er Pech. Fernseher gibt es nur auf Wunsch und dazu kann er sich doch nicht durchringen. Schließlich kennt er sich gut genug. Allabendliches Fernsehen wäre die Folge. Als TV-Junkie möchte er

sich doch nicht outen. Passt ja auch gar nicht zu der »gesunden«
Kur. Ich finde ein Zimmer ohne Fernseher herrlich!

Nach zwei Runden Bio-Sauna fallen wir dann mit einem letzten
Blick auf unseren Kurplan todmüde ins Bett.

Gesamtbefinden Tag 1

Nach der anfänglichen Enttäuschung, nichts mehr vom hervorragenden Buffet bei der Anreise bekommen zu haben, fügen wir
uns nun langsam in unser »Schicksal«. Es ist eine unglaubliche
Kopfsache. Wir merken, wie sehr sich in unserem Alltag zwar
alles ums gut und vor allem viel Essen dreht, der Essensvorgang
selbst aber dann zur Nebensache wird und total unbewusst abläuft. Da kocht man manchmal oft zwei Stunden lang irgendwel-
che aufwendigen Rezepte nach und schlingt dann alles in zehn
Minuten hinunter. Achtsamkeit ist es, die wir verlernt haben.
Sich die Speisen auf der Zunge zergehen lassen, genießen, dafür
ist keine Zeit mehr in unserer hektischen Welt.

Ich muss zugeben, ein etwas ungutes Gefühl haben wir an diesem ersten Abend schon. Wenn man so etwas noch nie gemacht hat, denken wir uns, ist das wohl auch ganz normal. Wir
fragen uns aber, ob unsere Vorbereitungen, wie zum Beispiel
Kaffee und Zucker wegzulassen und keinen Alkohol zu trinken,
uns die schlimmsten Entzugserscheinungen ersparen werden.
Es geistert uns vieles durch den Kopf. Unsere Körper hingegen,
scheinen total zufrieden zu sein. Wir bestärken uns vor dem Einschlafen darin, dass wir offen bleiben wollen für das, was da in
den nächsten Wochen auf uns zukommt. Gute Nacht!

Tag 2
Morgengymnastik oder
»Wer ist hier der Pensionist?«

07:00

In dieser Nacht haben wir unglaublich gut geschlafen. Ein unbelasteter Magen scheint tiefen Schlaf zu fördern. Wir wachen aber mit einem ziemlich heftigen Hungergefühl auf. Vor meinem inneren Auge erscheinen wunderbare Croissants mit Butter und Marmelade, dazu ein duftender Latte Macchiato. Vor meinem äußeren Auge stehen allerdings das Bittersalz und die Säure-Basen-ausgleichenden Tabletten. Ich zwicke die Augen nochmals zusammen und öffne sie dann ganz vorsichtig. Die Hoffnung stirbt ja zuletzt. Aber leider hat sich das Bittersalz nicht in einen Latte Macchiato verwandelt. Ich beschließe, die Realität zuerst noch zu verarbeiten und gehe auf den Balkon. Ein paar tiefe Atemzüge später sitze ich im Bademantel vor dem Bittersalz. Es steht immer noch da. Und wartet. Ich auch. Wir starren uns gegenseitig an. Ehrlich gesagt, graust es mir dermaßen, dass ich mich wirklich zusammenreißen muss. Christoph hingegen fackelt nicht lange und schluckt das in Wasser aufgelöste Salz hinunter. Als Mann muss man schließlich Haltung bewahren und zeigen, was man drauf hat. Immerhin war man vor noch nicht allzu langer Zeit Jäger und Sammler. Da hatte man es mit ganz anderen Herausforderungen zu tun. Eine Kleinigkeit also, so ein Glas Bittersalz! Er schaut mich nach dem Bittersalz-Akt stolz an und lächelt siegessicher.

Ich lächle souverän zurück. Blöße gebe ich mir sicher keine. Der Tipp von Frau Angerer-Schmidtchen kommt mir wieder in den Sinn. Statt einen halben Liter mit dem Bittersalz anzurühren, wodurch man dann gezwungen ist, den halben Liter des für meinen

Geschmack sehr schlecht schmeckenden Wassers zu trinken, kann man einen Trick anwenden. Man gibt nur ganz wenig lauwarmes Wasser ins Glas, löst dort die Bittersalz-Dosis auf, kippt dann mit ein paar Schluck das Bittersalz möglichst schnell hinunter und spült dann mit einem halben Liter reinem Wasser nach. Ich kann Ihnen sagen, das ist DIE Lösung. Erstens schmeckt es nur kurz »grauslich« und zweitens ist es schnell vorbei. Gesagt, getan. Dann schlucke ich noch die Basen-Tabletten und lehne mich im Stuhl zurück. Geschafft. Ganz nebenbei.

Anmerkung:
Der Säure-Basen-Haushalt ist ein physiologischer Regelkreis. Im Rahmen von Stoffwechselprozessen fallen Säuren und Basen an. In einem gesunden Körper befindet sich ein leichter Überschuss an Basen.

Die Regulation des Säure-Basen-Haushalts erfolgt über Lunge, Nieren, Schweißdrüsen, Darm und Ernährung. Dabei sollten 80 Prozent der Lebensmittel basisch und 20 Prozent sauer wirken.
Laut Dr. med. E. Rauch reizen Bittersalzlösungen den Darm nicht, sondern wirken auflösend und spülen die Krankheits- und Giftstoffe, die an den Darmwänden haften, aus.
Die Bittersalzlösungen haben eine Konzentration, die der des Blutes entspricht und durchrieseln den Magen-Darm-Kanal. Dort lösen sie nach und nach an den Darmwänden haftende, oft zähe und verkrustete Kotreste ab. Diese werden dann zum Darmausgang geschwemmt. (S. 62, Die Darmreinigung)

Nun ist das Problem mit dem Hunger auch erledigt. Ich habe einen Wassermagen.

Dann sollte man sich unbedingt bewegen, um die Darmtätigkeit anzuregen. Ich entscheide mich für einen Spaziergang. Dazu muss ich mich allerdings wirklich warm einpacken, denn es ist heute so früh am Morgen doch sehr frisch. Die Ruhe auf dem traumhaften Wanderweg direkt hinter dem Hotel am Waldrand entschädigt für die Kälte. Beeindruckend. Plötzlich huscht ein Reh vor mir über den Weg. Ich überlege, wann ich das letzte Mal ein Reh so nah gesehen habe. Irgendwie ist es schön, weit weg vom Lärm der Welt zu sein, Zeit zu haben und die Schönheit der Natur zu sehen, die man im Alltag gar nicht mehr wahrnimmt. Ich blicke hinauf zu den Baumkronen. Das Grün ist berauschend. Die Äste bewegen sich im Wind. Apropos Wind: Ich verspüre meine ersten Blähungen.

Zurück im Hotel motiviere ich mich – Christoph hat keine Lust – zur Morgengymnastik. Sie steht zwar nicht auf meinem Kurplan, aber ich denke mir, so ein bisschen »Pensionistenturnen« schaffe ich schon, auch ohne essen.

Ich schwinge mich – okay, ganz so dynamisch schaut es nicht aus – in mein Sport-Outfit und mache mich auf den Weg in den Gymnastikraum. Es haben sich schon einige ältere Damen und Herren eingefunden und ich stelle mit Stolz fest, dass ich wohl zu den besser Aussehenden gehöre, was die Figur betrifft. Eigentlich ein Kinderspiel bei der Konkurrenz, aber das tut auch mal gut! Wenn es einem sonst schon niemand sagt, muss man es eben selbst tun. Wenn ich nach dem Äußeren der Mit-Turner gehe, schlemmen sich diese Kurgäste sicher schon seit mindestens einer Woche jeden Tag drei Mal durchs Buffet. Das »Blöde« für die Kurgäste bei den verschriebenen Kuren ist aber, dass man, wenn man einen etwas unbequemeren Programmpunkt, sei es Morgengymnastik oder Rückenschule beziehungsweise eine Anwendung wie »Kneippguss«, auf dem Kurplan stehen hat, auch teilnehmen muss. Man benötigt nämlich die Unterschrift des Kursleiters, um dann schlussendlich das Geld für die Kur von der Krankenkasse zu bekommen. Da ist nichts mit »blaumachen«. Die Gesichter meiner Mit-Turner sehen so aus, als hätten sie sich lieber gedrückt. Das kann ja spannend werden! »Wenn deren Gesichter schon so unmotiviert sind, was ist denn dann erst mit deren Körpern?«, frage ich mich und suche mir mit einem Lächeln auf den Lippen einen Platz in dem wunderbaren Raum mit Blick ins Grüne.

Es geht los. Von wegen »Pensionistenturnen«! Die Übungen sind ganz schön anstrengend. Ich komme richtig ins Schwitzen und muss nach 20 Minuten zugeben, dass entweder das Turnen doch nicht für Pensionisten ist oder ich bereits in der Verfassung einer Pensionistin bin. Aber es tut gut, seinen Körper und die offensichtlich nicht mehr vorhandenen Muskeln zu spüren.

Auf meinem Kurplan steht nun ein Wechselbad für die Arme mit Fichtennadelöl. Klingt entspannend. Ich freu mich darauf. Christoph ist mir gerade im Bademantel im Gang begegnet und hat etwas von »Aromamassage« genuschelt. Klingt auch toll! Ich muss gleich auf meinen Kurplan schauen, wann ich das habe. Das Lustige an der Kur ist jetzt schon, dass in diesem Haus alle Gäste ganz entspannt im Bademantel und Kurschlapfen von einer Anwendung zur anderen huschen. Es wirkt unglaublich »relaxed«, wie der Schwede sagen würde. Kein Laufsteg der Eitelkeiten. Hier kann man einfach man selbst sein und es sich gemütlich machen. Wir fühlen uns am ersten Tag schon wohl. Für mich ist es nach wie vor unvorstellbar, an einem Arbeitstag zwischen zwei Terminen mein Bittersalz hinunterzuschütten und mir dann nach Arbeitsschluss eine Bauchmassage von einem Arzt abzuholen. Meine Arbeitskollegen, die die Kur auf diese Art gemacht haben, verstehe ich immer weniger. Das geht doch total am Sinn der Kur vorbei, nämlich nicht nur das Essen zu entschleunigen und den Körper zu reinigen, sondern auch sich selbst zu entschleunigen. Eine hineingequetschte Kur in einen übervollen Arbeitstag, ist meiner Überzeugung nach, nicht zielführend. Ich bin auch überzeugt, dass die Wirkung eine ganz andere ist und bin froh, dass wir uns den Luxus gönnen, uns drei Wochen voll und ganz auf diese Erfahrung einzulassen.

Das Wechselbad ist sehr entspannend und wohltuend. Nun freue ich mich wirklich auf meine Semmel, denn mittlerweile ist es kurz nach 9:00 Uhr. Schließlich bin ich zu Hause anderes gewöhnt: Augen auf, Marmeladenbrot rein, und das, bevor ich sonst irgendeine Aktivität starte. Wenn ich mir so anschaue, was ich heute schon alles gemacht habe – ich als Morgenmuffel – ist es schon eine erste Gelegenheit, ein bisschen stolz zu sein. Im Vorbeigehen bestelle ich unser Frühstück. Wenn wir wollen, könnten wir auch im Zimmer frühstücken, wird uns angeboten. Das Angebot nehmen wir gerne an. Auch Christoph, der sich bis jetzt einfach nur im Zimmer entspannt hat, freut sich auf das Essen, unser erstes »Kur-Frühstück.«

Es klopft. Eine junge Servierdame bringt unser Frühstück. Sie serviert die Semmeln liebevoll aufgeschnitten mit einem brennenden Kerzchen und Joghurt auf einem Serviertablett mit einer frischen Blumenblüte. Ich wusste gar nicht, dass so wenig so geschmackvoll angerichtet werden kann. Alternativ wäre auch Milch möglich gewesen. Vermutlich wählten wir aber Joghurt, weil es doch von der Masse mehr hergibt als Milch. Christoph hat sich bei der Bestellung das Gleiche gedacht. Gesagt hat keiner von uns beiden etwas. Ich muss aber doch über unsere unausgesprochene Besorgnis schmunzeln. Die Angst vor dem Hunger ist also doch noch immer präsent.

Wir setzen uns gemütlich an unser Tischchen im Zimmer. Wir schmunzeln. Da liegt doch tatsächlich eine »Betriebsanleitung« für unser Frühstück. »Was soll daran denn so schwierig sein?«, fragen wir uns. »Semmel gelutscht haben wir doch schon als Kind!« Denkste!

Hier die Anleitung:

1. Vor der Mahlzeit wird die Kursemmel in fingerdünne Scheiben oder Würfel geschnitten.

2. Ein Stückchen wird zum Mund geführt und mit Konzentration solange eingespeichelt (Training der Speicheldrüse) und so lange gekaut (mindestens 30 Mal), bis ein flüssiger Semmel- und Speichelbrei von leicht süßlichem Geschmack entstanden ist. (Je verkümmerter die Speicheldrüsen, desto schlechter gelingt dies zu Kurbeginn.) Süßlich wird es deshalb, weil durch Speichelfermente die Stärke der Semmel in Zucker umgewandelt wird.

3. Nun wird ein kleines Löffelchen Milch oder Joghurt dazu genippt oder noch besser mit nahezu aneinander gepressten Lippen vom Löffel abgesaugt (»sippeln«). Durch das Absaugen entsteht ein Unterdruck in der Mundhöhle, ein Sog, der zur besseren Entleerung der Speicheldrüsen beiträgt. (Durch solches Saugen speichelt der Säugling an der Mutterbrust jede Milchportion ein.)

4. Nun wird der gesamte Mundinhalt, also die Mischung von Semmel, Speichel und Milch, durch weitere Kaubewegung unter Verwendung der Zunge weiter in der Mundhöhle vermischt, wobei sich der Geschmackssinn freuen und die Genüsse auskosten soll. Dabei setzt schon in der Mundhöhle die Verdauung der Milch kräftig ein, was für das Gelingen der Kur wesentlich ist.

5. Erst dann wird geschluckt!

6. Nun beginnt der Essakt wieder von vorne, bis eine Sättigung erzielt ist. Die Menge wird nicht vorgeschrieben. Auf keinen Fall Milchrest/Joghurtrest hinuntertrinken/auslöffeln. Milch und Joghurt ausnahmslos zum Semmelspeichelbrei essen

oder gar nicht! Und das mit einer zuversichtlichen, fröhlichen Einstellung!

Am Ende der Anleitung kommt nun noch der Wahnsinns-Hinweis:

7.   Etwaig übrig gebliebenes Essen stehen lassen.

Christoph und ich müssen herzhaft lachen. Für uns normale Futterverwerter ist es absolut unvorstellbar, ja geradezu absurd, von einem jämmerlichen, zwei Tage alten Dinkelbrötchen etwas übrig zu lassen, weil man satt ist. Wir können uns das beim besten Willen nicht vorstellen. Wir lachen und lachen und lachen bis wir Bauchweh haben. Als wir uns wieder gefasst haben, beschließen wir, die Anleitung brav zu befolgen, denn sie scheint wohl doch ernst gemeint zu sein.

Wir beginnen nun also das Experiment des »Richtig-Semmel-Essens«. Zeitvorgabe für die Semmel: 45 Minuten! Sie können sich vorstellen, dass das mit einer einzigen mickrigen Semmel eine ziemliche Herausforderung ist. Wir sitzen uns also nun gegenüber, vor uns die Dinkelbrötchen und das Joghurt. Genüsslich beißen wir in die erste Scheibe Dinkelsemmel, nehmen einen Löffel Joghurt dazu in den Mund und lutschen nach Kräften. Schweigend. Noch dazu versuchen wir den Punkt sechs, »mit einer zuversichtlichen und fröhlichen Einstellung«, zu erfüllen. Irgendwie ist die Situation sehr seltsam. Keiner spricht und es wird nebenher nicht in Zeitungen oder Werbeprospekten geblättert, so wie wir das immer machen. Es gibt nichts zu tun, außer zu essen. Der Wahnsinn! Unsere Dinkelbrötchen haben unsere volle Aufmerksamkeit. Das Glück hatten unsere Marmeladenbrötchen, die Wurstsemmel oder die Honigschnitte zu Hause wohl noch nie.

35 Minuten später sind wir satt. Unglaublich. Dabei könnten wir doch noch zehn Minuten weiter essen! Wir lassen sogar noch die letzte Scheibe von der Semmel übrig! Ein Sättigungsgefühl hat

sich eingestellt. Ein Sättigungsgefühl! Das Wort müssen wir uns auf der Zunge zergehen lassen. Wo war das denn all die letzten Jahre? Das erste Mal seit ich weiß nicht wann, spüren wir, dass wir satt sind. Über diesen Punkt haben wir zu Hause immer genüsslich hinweg gegessen und erst aufgehört, wenn wir ein richtiges Völlegefühl im Magen gespürt haben, also proppenvoll waren. Klar, wir haben auch gleichzeitig noch geredet, Zeitung gelesen und telefoniert. Kein Wunder, dass wir immer über den Punkt der Sättigung hinaus gegessen haben, ohne es zu merken. Wir nehmen wieder wahr, dass wir satt sind. Ein schönes, aber auch unglaubliches Gefühl. Der Verstand reklamiert noch mindestens ein weiteres Brötchen, wenn es geht bitte mit Salami, denn der glaubt am wenigsten, dass diese Miniportion ausreichend ist. Den Spruch »Das Auge isst mit!« könnten wir noch erweitern um »Das Auge überschätzt des Magens Bedarf«. Wir werden tatsächlich eines Besseren belehrt. Der erste Aha-Effekt der Kur.

Laut Dr. med. E. Rauch sind bei den meisten Menschen die Speicheldrüsen deutlich verkümmert und können nun mithilfe der Kursemmel geschult und zu voller Leistung gebracht werden. (Rauch, Darmreinigung S. 57)

Als Paar stellen wir auch fest, dass es noch nie so ruhig beim Essen war. Durch das minutenlange Kauen kann man gar nicht reden! In manchen Beziehungen vielleicht gar nicht so schlecht. Frau Angerer-Schmidtchen hat uns noch den Tipp gegeben, während des Kauens über die Essensherstellung, die Herkunft der Rohstoffe und das Glück nachzudenken, ein Dinkelbrötchen zum Essen zu haben. Das ist nicht überall auf der Welt der Fall. Wir verspüren eine leise Dankbarkeit. Schön – beim wortlosen Kauen haben diese Gedanken die Chance aufzutauchen.

Ein kleiner Spaziergang ins Dorf rundet den Vormittag ab. Ich merke nun schon eine kleine Schwäche in den Beinen. Auch Christoph reicht der kurze Ausflug. Wir sind uns einig, dass wir keine große Lust hätten, uns anzustrengen. Aber das müssen wir ja nicht. Wir sind ja auf Kur, rufen wir uns in Erinnerung. Mein Plan ist ja sowieso schlafen, schlafen und nochmals schlafen. Bei den dichten Programmpunkten gemäß Kurplan sollte sich das allerdings als gar nicht so einfach herausstellen.

Eine Stunde vor dem Mittagessen machen wir unseren feuchten Leberwickel.

Dazu legt man ein heißes, feuchtes Baumwolltuch auf den Bauch und wickelt sich in einer Lammfelldecke ein. Herrlich.

Anmerkung:
Bei der Mayr-Kur wird der Leberwickel, auch Leib- oder Lendenwickel genannt, eingesetzt. Er wird warm oder heiß vor oder nach dem Essen aufgelegt. Eine mildere Wirkung entfaltet die Leibauflage, die die gleichen Heilanzeigen hat, wie beispielsweise die Förderung der Durchblutung der Verdauungsorgane sowie eine Linderung von Blähungen und Koliken.

Vor allem genießen wir das »Zur-Ruhe-Kommen« vor dem Essen. Im Normalfall hechten wir doch von der Arbeit zum Essen, stopfen innerhalb kürzester Zeit ein ganzes Menü in uns hinein, das noch dazu in einer Geschwindigkeit, die erschreckend ist, um dann übervoll und kraftlos wieder an die Arbeit zu gehen. Bis jetzt schafften wir in 15 Minuten locker ein Drei-Gänge-Menü, nun brauchen wir 45 Minuten für ein Dinkelbrötchen! Diese Entschleunigung macht uns positiv nachdenklich. Was haben wir unserem Körper bisher angetan! Uns wird einiges bewusst. Vor allem, dass wir beim Essen überhaupt nicht schmecken, riechen und kauen. Kauen Sie mal Pommes frites 30 Mal. Das schmeckt mit jedem Kauen schlechter. Daher schlucken wir es auch nach zwei Mal Beißen hinunter, mit möglichst viel Ketchup oder Mayonnaise. Hingegen ganz anders bei einem Dinkelbrötchen. Das wird mit jedem Mal Kauen besser. Durch das Zerkleinern und das Einspeicheln werden die Nährstoffe besser aufgeschlüsselt und verwertet. Wir stellen die Theorie auf, dass, wenn wir langsam essen, sich die wirklich guten Nahrungsmittel ganz automatisch herauskristallisieren werden. Also alles, was man lange kaut und immer schlechter schmeckt, lässt man weg und alles, was man lange kaut und immer besser schmeckt, bleibt übrig. Dass diese Variante die gesündeste ist, da die Nahrungsmittel perfekt eingespeichelt und somit optimal für die Verdauung vorbereitet werden, und man dann getrost auf jeden Diätversuch verzichten kann, klingt logisch. Sollte abnehmen also so einfach sein? Nach diesen anstrengenden Gedankengängen knicken wir in unserem angenehmen Leberwickeln weg und dösen fast eine halbe Stunde. So entspannt bin ich in den letzten 40 Jahren noch nie zum Essen gegangen. Wir warten auf das Bimmeln der Essensglocke und marschieren dann frisch und munter zum Mittagessen in den Kaminraum.

12:30

Apropos »Kaminraum«: Wir haben einen Spitznamen für unser Esszimmer erfunden. Wir nennen es »Kauraum«. Liegt irgendwie nahe, da alle wie die Wiederkäuer auf Semmeln oder Suppen herumkauen. Außerdem denken wir so immer beim Betreten des Kauraums daran, schön langsam zu essen.

Der zweite Durchgang mit der Semmel startet. Diesmal lasse ich eineinhalb Scheiben übrig, Christoph eine Scheibe! Wir können es immer noch nicht fassen, Christoph noch weniger als ich. Er kennt schließlich meinen und auch seinen Appetit. Aber wenn wir ehrlich sind, sind wir satt. Gewiss, meine »Bunkerstrategie« ziehe ich kurz in Erwägung, komme aber sofort wieder davon ab. Schließlich soll ich ja auch wieder lernen, aufhören zu essen, wenn ich satt bin. Glauben Sie mir, das ist wohl die schwerste Übung der Kur, denn der Kopf ruft nach mehr. Zuhause habe ich oft, wenn ich wusste, es gibt so bald nichts mehr, weit über den Hunger hinaus gegessen, also Vorrat »gebunkert«. Damit ist nun Schluss, hoffe ich zumindest.

Unsere Mayr-Ärztin Frau Angerer-Schmidtchen misst nochmals meinen Blutdruck. Ich habe von Haus aus einen niedrigen Blutdruck und tatsächlich ist er durchs Fasten nochmals gesunken (100/70). Sie empfiehlt mir, langsam aufzustehen und bei raschem Positionswechsel mit Schwindelgefühlen zu rechnen. Rascher Positionswechsel? Die Gefahr besteht zur Zeit definitiv nicht.

Meine erste anschließende Bauchbehandlung ist sehr angenehm.

Anmerkung:
Die manuelle Bauchbehandlung ist Bestandteil jeder Mayr-Therapie. Sie wird durch den speziell geschulten Mayr-Arzt am effektivsten durchgeführt. Durch sie wird die Verdauungstätigkeit angeregt, Verkrampfungen oder Hindernisse gelöst und die Durchblutung und der Lymphfluss im Bauchraum verbessert. Entzündungen im Verdauungstrakt werden reduziert, der Abtransport von Schlacken gesteigert und die Verdauungsdrüsen stimuliert.
Ein Teil der manuellen Bauchbehandlung erfolgt im Atemrhythmus. Durch das abgegebene Kohlendioxid wird entgiftet, durch die Sauerstoffaufnahme der Zellstoffwechsel gefördert. Dies kann sofort an der höheren Spannkraft und gesünderen Farbe der Gesichtshaut erkannt werden.
Bei den regelmäßigen Bauchbehandlungsterminen kann der Mayr-Arzt den Therapieverlauf kontrollieren, diesen gegebenenfalls korrigieren und auf mögliche Probleme des Patienten eingehen.

Das Bittersalz zeigt nun am Nachmittag auch erstmals seine Wirkung, wenn Sie wissen, was ich meine. Die Toilette ruft. Anscheinend kann der Wirkungseintritt zeitlich stark variieren. Das Salz kann bereits nach einem halben Tag oder erst nach drei Tagen

Wirkung zeigen. Das ist von Mensch zu Mensch und von Darm zu Darm unterschiedlich. Ziel ist es, den Darm komplett zu entleeren. Das ist erst der Fall, wenn der Stuhl glasklar ist, was ich mir noch nicht wirklich vorstellen kann.

18:00

Heute essen wir im Kaminzimmer mit Herrn und Frau F. unser Süppchen. Sie machen auch die F. X. Mayr-Kur, allerdings nur zehn Tage. Wir kommen ein bisschen mit ihnen ins Gespräch, aber nicht lange, denn wenn einmal das Süppchen auf dem Tisch steht, soll ja nicht mehr geredet, sondern nur noch gegessen werden. Das Tolle daran ist, man kann sich anstrengenden Smalltalk sparen und zwar ohne schlechtes Gewissen. Wir beginnen unsere Suppe zu kauen. »Suppe kauen« ist auch ein interessanter Ausdruck. Aber es geht, auch wenn Sie es nicht glauben. Probieren Sie es mal aus.

Uns schmeckt die klare Basensuppe. Sie schmeckt herrlich nach Gemüse. Herr F. schimpft aber so über die Suppe, dass es uns fast vergeht. Er schickt die Suppe sogar zurück und bittet um etwas »mehr Geschmack«. Innerlich muss ich schmunzeln, vielleicht hätte er die »Gourmet-Variante« wählen sollen: Sahnesüppchen und Brotcroutons? Scherz beiseite. Christoph und ich lassen uns von dem Gemaule nicht von unserer konzentrierten neuen Essweise abbringen und versuchen, das völlig überzogene Theater zu ignorieren.

Der Küchenchef in diesem Haus ist nun aber dermaßen nett und bemüht. Um den Zweien die Freude zu machen, stimmt er die Suppe nochmals geschmacklich ab, sodass Herr F. sie isst, allerdings mit verzogenem Gesicht. Ich stelle die Vermutung an, dass der Unmut und die schlechte Laune vom wenig Essen kommen und bin mal gespannt, wann ich anfange zu »spinnen«. Christoph und ich finden die Suppe ausgezeichnet und löffeln den ganzen Topf aus. Mit einem Lächeln auf den Lippen.

Für morgen beschließen wir aber, uns einen anderen Platz zum Essen zu suchen. Negative Energie können wir jetzt nicht gebrauchen.

Ich mache mir dann noch einen feuchten Leberwickel und döse bald ein. Das ist mir eh das Liebste! Dann ist der womöglich aufkommende Hunger nicht so tragisch. Verschlafen lautet die Devise! Daran werde ich wohl noch ein paar Tage festhalten.

Fazit Gesamtbefinden Tag 2

Wir sind nicht unbedingt bewegungsfreudig und fühlen uns etwas schlapp, aber mental sehr gut und sind auch gut gelaunt. Irgendwie ist das Gefühl, sich heute nicht ein einziges Mal überessen zu haben, ein wunderbares. Langsam setzt auch eine Entspannung ein, so ohne Fernseher und Hektik des Alltags. Ungewohnt ist für uns, dass wir ausgerechnet beim Essen, wo man sich zu Hause zusammenfindet und was für uns die Kommunikationsplattform schlechthin ist, nicht zu sprechen. Am Anfang ist gerade die Konzentration auf den Essensvorgang zentral. Schlechte Gewohnheiten legt man halt nicht von heute auf morgen ab. Ein besonders wichtiger Punkt ist für mich vor allem, dass wir unter ärztlicher Aufsicht sind. Da können wir uns so richtig fallen lassen und schauen, was so kommt. Die Möglichkeit, mit jedem eventuell auftretenden Wehwehchen zu unserer Mayr-Ärztin laufen zu können, gibt uns Sicherheit. Wir können alles fragen und auch jederzeit die Kur beenden. All diese Optionen stärken uns innerlich. Wir fühlen uns wirklich toll und freuen uns auf die nächsten Tage. Wenn das so bleibt: super! Einen Großteil des Wohlfühlens trägt sicher das wunderbare Gesundheitsresort & Spa Bad Clevers bei. Hier wird einem jeder Wunsch von den Augen abgelesen.

Tag 3
Bio-Impedanz-Analyse – Wos is'n des?

Heute dürfen wir morgens nichts trinken, da um 8:00 Uhr eine Bio-Impedanz-Analyse gemacht und auch noch Blut abgenommen wird. Wir starten also, um die Zeit zu überbrücken, zu einem Spaziergang am Waldrand entlang. Die Gegend ist einfach ein Traum. Diesmal kreuzt ein Reh mit seinen zwei Kitzen die Lichtung. Die Vögel heißen uns willkommen und die Sonne geht gerade auf. Das ist wahrer Luxus.

08:00

Zurück im Hotel schwingen wir uns in unsere Bademäntel und finden uns bei Frau Angerer-Schmidtchen ein. Die Bio-Impedanz-Analyse steht auf dem Programm.

Anmerkung:
Messung der Körperzusammensetzung in Bezug auf Alter, Geschlecht und Größe. Gemessen wird Körperfett, Körperwasser, Zellmasse (Organzellen und Muskelzellen) und extrazelluläre Masse (Knorpel, Knochen, Bindegewebe).

Laut Wikipedia wird mit dem konstanten Signal eines Wechselstroms der Widerstand des Körpers gemessen. Fettfreie Masse besteht zu 74 Prozent aus Wasser. Somit kann man einen direkten physiologischen Zusammenhang zwischen dem Widerstand und den leitfähigen Kompartimenten herstellen. Zu den Isolatoren gehört das Fettgewebe und das leitet schlecht, bzw. hat einen hohen Wirkwiderstand. Intakte Zellmembrane in gesunden Zellsystemen erzeugen einen kapazitiven Widerstand. Ist dieser Widerstand hoch, weist das auf einen intakten energetischen Zustand der Zellen und damit auf einen guten Ernährungszustand hin. Der Phasen-

winkel, das Verhältnis beider Widerstände, ist bei muskulösen und sportlichen Körpern groß. Krankheiten, Fehl- und Mangelernährung und körperliche Inaktivität verkleinern diesen Phasenwinkel.

Ich bin gespannt auf das Ergebnis. Vor allem darauf, wie es mit dem Verhältnis Fett zu Muskeln bei mir steht. Denken kann ich es mir schon. Schließlich haben wir Frauen doch nicht zu viele Kilos, sondern schwere Knochen, oder? Da sind wir doch wirklich unschuldig! Außerdem benötigen wir noch stille Reserven für die eventuell harten Zeiten, die da noch kommen könnten.

Mein Ergebnis liegt vor: tatsächlich. Muskeln habe ich zu wenig, dafür umso mehr Fett. Also an diesem Verhältnis könnte ich arbeiten.

Am Ende der Kur werden wir nochmals eine Bio-Impedanz-Analyse machen und kontrollieren, wie es dann ausschaut. Hoffentlich fällt das Ergebnis dann zugunsten meiner Muskeln aus! Wobei ich mir im Moment Krafttraining nur sehr schlecht vorstellen kann.

Bei der Blutabnahme und der damit verbundenen Laborkontrolle werden der Harnsäuregehalt und der Kaliumgehalt gecheckt.

Anmerkung:
Da sich einige Laborwerte durch das Fasten ändern können, sollten diese durch einen Arzt vor, während und nach der Kur kontrolliert werden. Leberwerte und der Harnsäurespiegel können ansteigen. Elektrolyte, wie Kalium und Magnesium, können abfallen. Dies kann negative Auswirkungen auf den Organismus haben und muss korrigiert werden.

Beide Werte sind bei mir im Normbereich.

Für mich steht heute ein Entspannungsbad mit Meersalz und Algen an. Dieses Basenbad entsäuert und entschlackt. Ich freue mich darauf wie ein Kind auf Weihnachten. Als ich in der Wanne liege und die Augen schließe, nehme ich mich ganz bewusst und entspannt wahr. Die bei mir sonst bis jetzt immer vorhandene Gedankenlawine mit den Sätzen »Ich sollte noch ...« oder »Ich muss noch schnell ...«, scheint langsam leiser zu werden. Das Gefühl, dass auch nach dem Bad keinerlei »Muss« auf mich wartet, ist wunderbar. Ich kann einfach nur sein.

Wir beschließen, noch vor dem »üppigen« Mittagessen (spitze Anmerkung von Christoph) einen kleinen Spaziergang in den Ort zu machen.

Also im Nachhinein muss ich sagen, wäre es ratsam, außer Sie sind masochistisch veranlagt, solche Verlockungen zu meiden. Fakt ist, dass es – wenn man die F. X. Mayr-Kur macht – eher ungünstig ist, an Bäckereien, gemütlichen Gastgärten und dem Pizzaduft eines Italieners vorbeizulaufen, ganz zu schweigen vom Anblick der verschiedenen Eissorten in der Gelateria. Beim Schaufenster des Bäckers meine ich zu Christoph: »So ein Nussschneckchen würde sich zwischen zwei Suppen doch gut machen, oder?« Irgendwie findet er das gar nicht witzig. Ich denke mir: »Zum Glück machen wir die Kur zu zweit, da kann und will sich keiner eine Blöße geben.« Aber wenn ich mir vorstelle, ich wäre alleine hier, wüßte ich nicht, ob das Nussschneckchen unsere Begegnung überlebt hätte. Wo kein Zeuge, da kein schlechtes Gewissen, oder? Zum Glück verlässt uns unsere Disziplin nicht und ob Sie es glauben oder nicht, wir freuen uns auf unsere Semmel mit Joghurt. Ausflüge sind vorläufig gestrichen, zumindest an Orte mit Essbarem.

Ich mache noch gemeinsam mit Christoph vor dem Mittagessen einen feuchten Leberwickel und setze mich dann mit freudiger Erwartung an den Mittagstisch. Die Mitarbeiter sind wirklich unglaublich. Sie servieren unser Essen, wohin wir möchten. Daher entscheiden wir uns heute Morgen für die schon bereits etwas sonnige Terrasse. Und diesmal esse ich die ganze Semmel, ratzeputz. Kein Krümelchen bleibt heute übrig. Vermutlich wurde mein Heißhunger durch die Bäckerei und deren Schild »Frische Zwetschkendatschi« geschürt.

Die Mittagsruhe genießen wir im traumhaften Garten mit altem Baumbestand und Schwimmteich.

Heute gibt es wieder eine Bauchbehandlung und der Blutdruck wird gemessen. Dieser ist zwar niedrig, aber stabil, die Bauchbehandlung eine Wohltat. Langsam gewöhne ich mich daran.

Anmerkung:
Während des Fastens sinkt der Blutdruck durch die mangelnde Nahrungsaufnahme und den Bewegungsmangel. Dies ist weder schlimm noch gefährlich, es kann jedoch unangenehm für den Patienten sein. Es können Symptome wie Schwindel, Kopfschmerzen, Übelkeit und Schlappheit auftreten.
Reichliches Trinken sowie Kneipp-Anwendungen mit kaltem Wasser und Bewegung können dabei rasch helfen.

Beruhigend ist die Feststellung von unserer Mayr-Ärztin Frau Angerer-Schmidtchen, dass mein Body-Mass-Index perfekt ist, allerdings könnten ein paar Muskeln mehr nicht schaden. Perfekter Body-Mass-Index? Das muss ich gleich Christoph auf die Nase binden. Der wird schauen!

Innerlich verspüre ich auch schon wieder ein wenig Lust, mich sportlich zu betätigen. Mal schauen. Vielleicht starte ich heute oder morgen mit einem leichten Krafttraining. Es wird vor allem am Ende der Kur interessant, ob sich an der Muskel-Fett-Verteilung dann etwas geändert hat.

Jaja, so eine Kur ist kein Urlaub. Man wandert wirklich von einem Termin zum anderen. Die verschiedenen »Programmpunkte« lenken einen aber auch vom eventuell eintretenden Hungergefühl ab. Also sind wir dem Kurplan dankbar.

Das beste Rezept bei Hungergefühl ist für uns heißes Wasser. Wir haben das bereits zu Hause irgendwann einmal angefangen, weil es in der Traditionellen Chinesischen Medizin empfohlen wird. Ich gebe zu, am Anfang war es etwas gewöhnungsbedürftig so ganz ohne Geschmack, aber nun lieben wir es. Mittlerweile entscheiden wir uns gegen Tee, wenn wir auch nur heißes Wasser haben können. Klingt unglaublich, ist aber so. Heißes Wasser schmeckt uns besser. An dieser Stelle bin ich mir fast sicher, dass Sie mir einen Vogel zeigen, aber da steh ich drüber.

Auf dem Weg zu meinem Zimmer begegnet mir ein Zimmermädchen. Sie meint – wohl aufgrund meines eher schleppenden Ganges – zu mir: »Na? Schlapp?« Ich kann nur bejahen. Ich fühle mich tatsächlich schlapp. Sie fragt, ob ich das zum ersten Mal machen würde. Dabei verzieht sie das Gesicht, als ob sie eine Zitrone im Mund hätte. Offensichtlich leidet sie mit mir mit. Ich bejahe und muss innerlich schmunzeln. Auch darüber, dass sogar die Zimmermädchen wissen, dass man die F. X. Mayr-Kur macht. Wahrscheinlich werden die Mitarbeiter instruiert, dass diese Gäste besonders viel Beistand benötigen.

18:00

Heute haben wir im Service Bescheid gegeben, dass wir gerne in der Gartenlaube und nicht im Kaminzimmer zu Abend essen möchten. Die Gartenlaube in diesem Hotel liegt traumhaft unter alten Bäumen im Garten in der Nähe des Schwimmteichs.

Wir freuen uns richtig auf ein gemütliches Tête-à-Tête, nur wir zwei. Aber Nein!!! Als wir dann in die Gartenlaube kommen, ist für vier Personen gedeckt. Wohl doch nicht etwa mit dem »netten« Herrn F. und seiner Frau, die im Moment die Einzigen sind, die dieselbe Kur machen? Wer soll es denn sonst sein? Christoph und ich schauen uns konsterniert an. Da hat man mich wohl missverstanden. Ich meinte mit uns natürlich nur uns beide und nicht uns als Gruppe aller F. X. Mayr-Gäste. Stress kommt auf. Natürlich sind wir gut erzogen und der erste Gedanke ist, dass man jetzt ja wohl schlecht einfach zwei Gedecke wegnehmen und sich irgendwo anders hinsetzen könnte. Wäre nicht gerade höflich, stellen wir fest. Aber in der nächsten Minute ist dieser Gedanke auch schon weggeschoben. Schließlich sind wir niemandem Rechenschaft schuldig und außerdem machen wir die Kur so, dass sie uns guttut. Und Herr F. tut uns definitiv nicht gut. Ein kurzer Blickwechsel zwischen mir und Christoph und – schwups – nehmen wir unsere Teller und unser Besteck und hauen ab durch die Mitte. Wir schnappen uns einen Tisch im Freien auf der Terrasse, lassen uns in die Stühle fallen und atmen tief durch. Glück gehabt. Gerade noch geschafft! Da kommen die zwei auch schon um die Ecke. Den überraschten Blick von Herrn F. und seiner Frau beantworten wir mit einem souveränen »Schönen Abend und guten Appetit«. Und weg sind sie. Sollen sie doch in die Gartenlaube gehen. Wenn man so viel kauen muss, hat man auch gar keine Lust, dauernd zu quatschen. Es ist einfach viel angenehmer zu zweit zu essen. Wir genießen unser »Abendessen« auf der traumhaften Terrasse in der Abendsonne. Vor allem ohne doofe Kommentare und bei guter Laune.

Nach dem Süppchen lesen wir noch ein bisschen, machen unseren feuchten Leberwickel und schlafen dann erschöpft ein.

Fazit Gesamtbefinden Tag 3

Wir sind weiterhin müde. Die vorhergesagten Endorphine machen sich noch nicht bemerkbar und ein Gefühl von »Bäume ausreißen« stellt sich auch noch nicht ein. In Summe aber fühlen wir uns körperlich sehr wohl, irgendwie leicht und überhaupt nicht unbehaglich. Das Schwierigste ist der Kopf, der ununterbrochen ans Essen denkt und Wohlgerüche aus dem Restaurant gleich als Einladung ansieht. Sehr anstrengend, aber auch da entwickeln wir bereits Strategien, wie wir uns ablenken können. Zu zweit macht es auf jeden Fall auch mehr Spaß. Wir können unsere Befindlichkeiten austauschen und uns immer wieder ermuntern. Kopfweh hat keiner von uns. Wir sind uns einig, dass das von der guten Vorbereitung auf die Kur kommt. Wir hatten es uns viel schlimmer vorgestellt und stellen uns eigentlich eine ganz andere Frage: Wann kommt denn nun das Schlimme, von dem man so oft hört?

Tag 4
Erste Anzeichen von Entschleunigung

Es klopft. Eine Heublumensack-Anwendung steht auf dem Programm. Eine Therapeutin betritt das Zimmer mit zwei sehr heißen Heublumensäcken. Das Schöne daran ist, wir können einfach liegen bleiben und genießen.

> *Anmerkung:*
> *Diese Anwendung ist eine feuchte Wärmeanwendung mit der zusätzlichen Wirkung der ätherischen Öle der Heublume. Heublumen sind Blüten- und Gräserblätter, die bei der Lagerung des Heus auf der Tenne abfallen. Sie werden gereinigt, in Leinensäcken abgefüllt, leicht mit Wasser besprengt und in einem Dämpfer erhitzt. Im Fachhandel sind auch fertige Einmal-Heusäcke erhältlich. Der Heublumensack wird möglichst heiß, je nach Empfindlichkeit des Patienten, direkt auf die Haut aufgelegt und mit Tüchern festgewickelt. Der Patient wird dann eingepackt und bleibt dann 30 bis 60 Minuten liegen. Wirkungen sind Muskellockerung, Verbesserung der Durchblutung, Entgiftung und Lösung von Krämpfen.*

Dann, um 8:00 Uhr, haben wir unseren ersten Kneippguss. Genauer gesagt steht bei uns auf dem Kurplan »Knieguss«. Das wird also unser heutiges frühmorgendliches »Vergnügen«. Gespannt auf das, was da kommen mag, watscheln wir in Bikini beziehungsweise Badehose, Saunaschlapfen und Bademantel motiviert Richtung Kneipp-Abteilung. Dummerweise müssen wir auf dem Weg dorthin am Restaurant vorbei. Völlig unerwartet trifft uns dabei die Konfrontation mit dem Duft von frisch gebackenem Brot. Klar, das Frühstück ist in vollem Gange. Ich schubse Christoph weiter, damit wir diese schwierige Passage schneller hinter uns bringen. Ich sehe mich nämlich schon lustvoll in ein frisch gebackenes (und nicht zwei Tage altes), noch heißes Croissant mit Butter und Honig beißen. Aber ich bin nun mal und nicht zu Hause, sondern auf Kur und tue mir etwas Gutes. Wirklich? Kurze Zweifel kommen auf. Da hilft nur: Augen zu und weiter watscheln. Immer diese Herausforderungen.

Geschafft, angekommen. Wir stehen vor den »Gieß-Räumen«. Wir sind nicht alleine. Weitere bemannte Bademäntel warten auch auf den Guss. Wir setzen ein Lächeln auf und sagen »Guten Morgen«. Niemand lächelt zurück, niemand redet. Irgendwie haben wir das Gefühl, die anderen Bademäntel wissen, warum sie nicht lächeln. Wir schauen uns um. Vor uns sehen wir zwei Türen. Über der linken Türe steht »Gießraum 1«, über der rechten Türe »Gießraum 2«. Oberhalb und unterhalb der Türen ist ein großer Spalt. Von dort hört man Wasser plätschern. Dann öffnet sich die Türe von Gießraum 2 und heraus kommt ein Bademantel, der offensichtlich gerade seinen Guss hinter sich hat. Er lächelt auch nicht. Wortlos schreitet er von dannen. Einer der wartenden Bademäntel verschwindet im »Gießraum 2«. Nun hören wir die »Gießerin«, wie sie offensichtlich von der anderen Seite die Türe vom Gießraum 1 öffnet und einen wartenden Bademantel begrüßt. Wir verstehen jedes Wort. Zuerst die Frage nach der Guss-Art, also ob Kniguss, Schenkelguss oder Ganzkörperguss, dann hören wir Anweisungen und Wasser plätschern. Wir hören plötzlich ein lautes Stöhnen des Begossenen. Kein Wunder, das Wasser wird eiskalt sein. Ich schaue Christoph an, Christoph schaut mich an. Wortlos wird uns klar, dass Jammern oder gar lautes Stöhnen beim Guss nicht in Frage kommt. Das wäre doch zu peinlich. Draußen bekommen die anderen Bademäntel schließlich alles mit. Nun wissen wir auch, warum hier niemand lächelt.

Dann ist Christoph dran, beziehungsweise lasse ich ihm, gut erzogen wie ich bin, den Vortritt. Keinen Mucks macht er. Dann bin ich dran. Beim ersten kalten Guss entfleucht mir ein ziemlich geräuschvoller Atemzug. Ich habe das Gefühl, mir bleibt das Herz stehen. Ist natürlich vollkommener Quatsch. Das erste Mal ist der Guss ganz schön »hardcore« muss ich sagen, obwohl das kalte Wasser »nur« bis zum Knie geführt wird. Mein Körper kennt sich momentan gar nicht aus. Nun bin ich definitiv wach. Mein Kreislauf ist in Schwung.

Mein Körper ist sich noch nicht sicher, was er von dieser Prozedur halten soll.

Also wenn wir, mein Körper und ich, uns eines Tages an diese Güsse gewöhnt haben sollten, machen wir eine Flasche Champagner auf, haben wir gerade beschlossen. Und Sie können sicher sein, dass der Champagner nicht als Guss seine Verwendung finden wird!

Anmerkung:
Der Kneippguss ist ein fast druckloser, gebundener Wasserstrahl, der die begossenen Regionen wie ein Mantel gleichmäßig umschließt. Er kann sowohl kalt, im Wechsel oder in ansteigender Wärme verabreicht werden.
Der Wechsel warm–kalt erfolgt nach Möglichkeit zweimal und endet immer mit dem Kalt-Teil. Die begossene Körperregion sollte lediglich abgestreift werden. Danach wird entweder Bewegung oder kurze Bettruhe empfohlen.
Grundregeln:
- *kalte Anwendungen nur auf warmen Körper*
- *Beginn immer an rechter Körperseite, von peripher nach zentral*
- *erst warm, dann kalt*
- *Temperaturunterschied zwischen warm und kalt mindestens zwölf Grad*
- *Warm-Teil deutlich länger als Kalt-Teil*
Die Kneipp-Güsse sind ein Gefäßtraining. Sie stabilisieren den Kreislauf, mobilisieren bei regelmäßiger Durchführung die körpereigenen Abwehrkräfte und setzen die Stressschwelle

herab. Als Reiztherapie hat sie Kneipp bewusst an den An-
fang des Tages gestellt, da nach dem Biorhythmus die beste
Reizantwort erfolgt, wenn alle Organe auf Hochtour sind.
Sinnvollerweise beginnt man mit kleinen Güssen (Knie-,
Arm-, Schenkel-, Brustguss) und kann dann, wenn der Kör-
per sich adaptiert hat, auf größere Güsse (Rücken- oder Voll-
guss) steigern.

Zurück im Zimmer tauschen wir unseren Bademantel gegen ein legeres Outfit und freuen uns auf unser geliebtes Dinkelbrötchen, ganze zwei Tage alt.

09:00

Das Frühstück holen wir heute unten ab und nehmen es mit auf unsere eigene Terrasse. Wir haben einen traumhaften Blick auf Wiese und Wald und vor allem Ruhe, denn das Kauen hat wirklich etwas Meditatives.

Nach dem Essen entsteht eine Diskussion über Fastenkuren, die nur aus »Flüssignahrung« bestehen. Das stellen wir uns »unpackbar« vor. Das Kauen tut richtig gut. Man hat zumindest das Gefühl, dass man etwas »(be)isst«. Unglaublich ist, dass sich die Sinne wieder richtig schärfen. Früher wäre mir nicht aufgefallen, dass die Baumwipfel der Fichten schief sind, oft total windschief, oder dass die Färbung mancher Laubbäume richtig silbergrün ist. Unser morgendliches Gespräch, wohlgemerkt erst nach dem Dinkelbrötchen, hat sich inhaltlich komplett verändert. Anstatt wie zu Hause Zeitungsartikel oder Radiomeldungen zu kommentieren, spüren wir wieder, was um uns herum ist. Wir sehen andere Dinge und nehmen unsere Umwelt viel feinfühliger wahr. Kein Daten- und Informationsmüll belastet uns. Ein Gefühl von Unbeschwertheit beschleicht uns. Wir schauen uns beim Frühstück wieder in die Augen. Und das bereits am vierten Tag. Schön.

Auf meinen Arzttermin freue ich mich wie immer. Er ist für mich die Absicherung, dass alles stimmt und beruhigt mich ungemein, oder besser gesagt: Er gibt mir Sicherheit. Mein Blutdruck ist allerdings noch weiter gesunken, nämlich auf 100/60. Heute fühle ich mich auch zum ersten Mal richtig mega-schlapp. Offensichtlich ist das ganz normal. Der Körper stellt nun von der Außenernährung auf die Innenernährung um.

Anmerkung: Dr. med. E. Rauch bemerkt in seinem Buch »F. X. Mayr, Medizin der Zukunft«, dass der Körper auf Reserven zurückgreift, sobald von außen weniger zugeführt wird. Lebenswichtige Gewebe wie Gehirn oder Herzmuskel werden natürlich nicht abgebaut, um Energie zu gewinnen, sondern zuerst die sozusagen weniger wertvollen Abfallprodukte aus dem Stoffwechsel. Teile davon werden zur Produktion von Energie verwendet (zum Beispiel Fettabbau), andere werden sofort ausgeschieden. Dr. med. E. Rauch erwähnt auch die Wichtigkeit, die Kur immer individuell anzupassen, sodass nicht Teile überstrapaziert beziehungsweise unterfordert werden.

Diese Umstellung kostet uns Energie. Das Schöne aber daran ist, dass man bei dieser Kur eben schlapp sein darf, sofern man dabei nicht im Büro sitzt. Schließlich warten angenehme Behandlungen (den Kneippguss lassen wir mal außen vor), eine tolle Sauna oder ein gemütliches Bett auf mich schlappen Kurgast. Ich darf nichts tun. An diesen Gedanken muss ich mich erst noch gewöhnen.

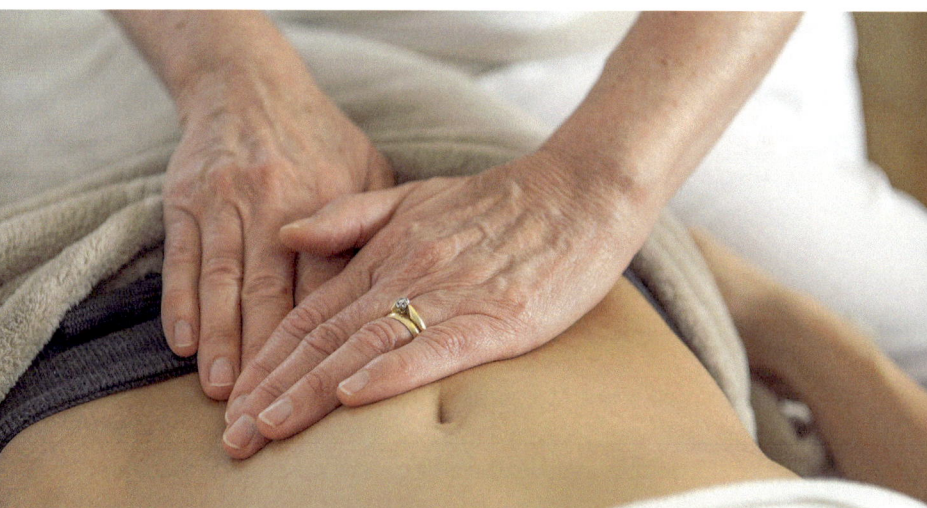

Die Bauchbehandlung ist ein Genuss.

Zur Steigerung des Blutdrucks beschließe ich, mich ein bisschen zu bewegen und mache einen Spaziergang zu unserem Schwimmteich. Die Wahnsinnsdistanz von 60 Metern schaffe ich spielend. Dort mache ich ein paar Übungen auf der Treppe, dehne und strecke mich. Es tut einfach gut, die frische und klare Juli-Luft einzuatmen. Langsam fällt auch das Umtriebige von mir ab, ständig das Gefühl zu haben, noch einen Riesenberg an Aufgaben erledigen zu müssen. Das ist ermüdend und hat mich in letzter Zeit sehr müde gemacht. Das Immer-erreichbar-Sein und

Sofort-auf-jede-E-Mail-antworten-müssen sind Zeiterscheinungen, die nicht unbedingt zur Ausgeglichenheit beitragen.

Ein Zitat von Patricia Tudor-Sandahl fällt mir ein: »In dem Maße, in dem wir lernen, dass der höchste Wert darin liegt, etwas zu tun, verlieren wir die Fähigkeit, einfach zu sein«. Wunderschön, ich sollte es nur öfter beherzigen.

Wir haben beschlossen, dass wir nun in die F. X. Mayr-Kur ab sofort auch eine Informationsdiät integrieren: keine Zeitung, kein Fernsehen, kein Internet.

12:30

Zum Glück ist bereits schon wieder Zeit zum Essen. Ich freue mich immer wieder auf die Glocken, die in diesem Haus geläutet werden, wenn Essenszeit ist. Das Läuten hat das Hotel eingeführt, damit die Gäste vor lauter Entspannung im Liegestuhl oder in der Sauna das Essen nicht vergessen. Also ich für meinen Teil bin sicher, dass ich das auch ohne Läuten nicht vergessen würde! Ich freue mich darauf, dass ich wieder etwas zum Beißen bekomme. Interessant ist auch, dass ich mittlerweile schon eine Dreiviertelstunde einplane, um zu essen. Vor drei Tagen musste ich über die Zeitvorgabe für ein Semmelchen noch schmunzeln. So ändern sich die Gewohnheiten, langsam aber sicher.

Koordinativ ist die F. X. Mayr-Kur nicht ohne. Nach dem Frühstück soll man eine Stunde nichts trinken, dann aber viel. Eine Viertelstunde vor dem Mittagessen muss man damit allerdings wieder aufhören. Auch nicht vergessen darf man den feuchten Leberwickel eine Stunde vor dem Mittagessen und das damit verbundene Ruhen. Nach dem Mittagessen soll man wiederum eine Stunde lang nichts trinken, dann wieder viel bis eine Viertelstunde vor dem Abendessen. Den feuchten Leberwickel am Abend kann man vor oder nach dem Essen machen. Ach ja, und dann sollte man morgens nach dem Aufstehen bis spätestens eine Viertelstunde vor dem Frühstück noch das Bittersalz mit einem halben Liter Wasser trinken und die Säure-Basen-Tabletten einnehmen. Und auch die verschiedenen Anwendungen müssen berücksichtigt werden. Ganz spannend wird es, den häufigen Stuhlgang und die Massagen zu koordinieren. Das ist schon fast die Königsdisziplin. Der Tagesablauf eines Topmanagers ist auf jeden Fall ein Kinderspiel dagegen.

14:00

Heute hat sich der Küchenchef für uns Zeit genommen, um Fragen bezüglich des Kochens zu beantworten. Also ich muss sagen, es ist hochinteressant und eine gute Idee. Brennende Fragen sind bei uns F. X. Mayr-Gästen natürlich zum Beispiel, wie der Übergang vom strengen Fasten zur »normalen« Ernährung ausschaut und wie lange er dauert. Wir möchten am Ende der drei Wochen schon so weit sein, dass wir wieder ein ordentliches Wiener Schnitzel mit Kartoffelsalat vertragen (kleiner Scherz von Christoph). Auf die Aufbaudiät freuen wir uns jetzt schon. Wir hoffen, dass wir so wenigstens an den letzten Tagen noch wie die anderen normal essenden Kurgäste die hervorragende Vollwert-Küche dieses Hauses genießen können, bevor man uns dann wieder in die große Freiheit und die kulinarischen Verlockungen dieser Welt entlässt.

15:25

Heute steht Lymphdrainage auf dem Programm. Dieses Wort kannte ich bis jetzt nur vom Hörensagen. Ich assoziierte eher etwas Unangenehmes für schwergewichtige Personen damit. Wieso weiß ich auch nicht. Aromamassage klingt sympathischer, finde ich. Aber da haben wir es wieder, unser Halbwissen. Keine Ahnung haben, aber glauben, dass es unangenehm ist. Wie war das mit dem Offensein für alles?

Ich habe noch nie eine so angenehme Massage erlebt. Ein absoluter Traum. So etwas kann ich Ihnen nur empfehlen. Es ist wirklich eine ganz sanfte und entspannende Massage, die hilft, den Abtransport der Giftstoffe zu beschleunigen beziehungsweise anzuregen.

Christoph begegne ich auf dem Rückweg von der Massage. Er kommt gerade von einem Arzttermin. Glücklicherweise kreuzen sich unsere Wege doch hin und wieder. Endlich ist es ein bisschen wärmer geworden. Ich fühle mich wie eine Eidechse, die sich auf einem Stein sitzend erwärmt, vor allem weil ich mit meinem niedrigen Blutdruck dauernd friere. Wir beschließen, den Rest des Nachmittags auf den Liegestühlen in der Sonne zu genießen. So ein Kurtag ist schließlich anstrengend. Anders anstrengend als im Büro, aber auch anstrengend.

Unser Abendessen »genießen« wir heute wieder einmal mit Herrn und Frau F. Nachdem wir ihnen letztes Mal erfolgreich

entkommen konnten, hat sich dieses Mal leider keine Flucht-möglichkeit für uns aufgetan. Sie sitzen nämlich bereits an unserem sonnigen Plätzchen auf der Terrasse. Innerlich stelle ich mir gerade die Frage, ob wir wie die Urlauber in großen Hotelanlagen die Liegestühle die Plätze fürs Abendessen mit Handtüchern »markieren« sollten. Das wäre doch mal kreativ! Ich freue mich über diesen Gedanken. Kreativität war nämlich in den letzten Monaten aufgrund der Riesenmenge anfallender Arbeit komplett aus meinem Leben verschwunden. Ausschließlich Abarbeiten war gefragt. Ich schreibe die aufkeimende Kreativität dieser Kur und dem wunderschönen Ort zu. Ideen wollen es gemütlich haben, denn sie kommen nicht vor dem Computer. Das habe ich mal irgendwo gelesen und es scheint sich zu bewahrheiten. Ich nehme einen tiefen Atemzug und setze mich an den Tisch.

Schlussendlich verläuft das Abendessen doch ganz harmlos. Immerhin legt sich Herr F. dieses Mal nicht mit dem Küchenchef an. Er isst ganz brav sein Süppchen. Vermutlich hat ihm seine Frau für seinen peinlichen Auftritt beim letzten Mal schon die Leviten gelesen. Ich merke, dass ich mich durch Gespräche sehr schnell vom Essen ablenken lasse. Reden und gründlich kauen scheint eine hohe Kunst zu sein. Entweder schaffe ich es, mich auf das Gespräch zu konzentrieren oder ich konzentriere mich auf das Kauen. Beides geht nicht wirklich gut. Auch das ist sicher eine wichtige Erfahrung bezüglich Ernährungsgewohnheiten. Heute Abend wird es mir bewusst.

Fazit Gesamtbefinden Tag 4

Christophs und mein Zustand sind ähnlich, was ich ganz interessant finde. Es hätte ja sein können, dass der eine diese und der andere jene Beschwerden oder Befindlichkeiten hat. Wir fühlen uns beide heute ziemlich energielos, sonst aber sehr gut. Zum Glück müssen wir morgen nicht ins Büro. Dieser Gedanke lässt uns unsere Energielosigkeit auch akzeptieren und uns auf diese

Phase einlassen. Aufpassen muss ich, wenn ich rasch aufstehe, denn dann wird mir kurz schwarz vor Augen. Mein Blutdruck ist ziemlich im Keller, Christoph hat damit kein Problem. Nun merke ich erst, wie dynamisch ich sonst immer unterwegs bin, wie schnell ich normalerweise aufstehe, wie schnell ich mich bewege. Nun ist Achtsamkeit, besonders im Umgang mit mir selbst, angesagt. Das gilt es jetzt zu lernen. Wieder ein Gefühl für Plätze und Orte zu bekommen, die einem gut tun, ist ein erster Schritt. Solche Plätze gibt es in diesem Hotel genügend. Und es ist schön je nach Befindlichkeit und Bedarf sich entweder zurückzuziehen, unter einen Baum zu legen und in den Himmel zu schauen oder einfach auf einer Bank am Waldrand zu sitzen und in den Tag träumen.

Tag 5
»Zfm« … Zeit für mich

07:30

Also die Kneipp-Güsse mit leerem Magen und fast mitten in der Nacht, zumindest für diejenigen, die der Meinung sind »Der frühe Vogel kann mich mal«, sind wirklich nur für Starke gut zu ertragen. Zum Glück habe ich heute nur einen Wechselguss an den Armen. Das geht so halbwegs, denn dieser Guss geht »nur« bis über die Schultern. Morgen wird es interessant, da erwartet mich ein Schenkelguss.

Also einen Ganzkörperguss kann ich mir beim besten Willen jetzt noch nicht vorstellen. Ich glaube, ich werde Reißaus nehmen. Soviel ich weiß, habe ich diesen Guss in ein paar Tagen schon auf dem Programm. Den Mut muss ich mir bis dahin noch zusammenkratzen. Ich überlege als Variante auch eine Bestechung meiner Mayr-Ärztin und die damit verbundene Umwandlung des Ganzkörpergusses in einen Knieguss. Mal schauen. Ich bewundere Christoph für seine »Coolness«. Er hat den dritten

Ganzkörperguss hinter sich und scheint schon fast süchtig danach zu sein. Das liegt wahrscheinlich daran, dass Männer eine andere Hautstruktur und damit auch weniger Sensibilität haben (Die Männer mögen mir verzeihen).

Bei meinem Arzttermin mit Bauchbehandlung stellt sich heraus, dass der Blutdruck, wie gestern bereits gefühlt, immer noch sehr niedrig, aber stabil ist. Emotional bin ich hingegen viel besser drauf. Ich glaube, langsam stellt sich mein Körper von Außen-Ernährung auf Innen-Ernährung um. Er entstresst sich selbst und damit wohl auch mich.

Heute verspüre ich auch das erste Mal einen Hauch von Motivation, mich zu bewegen und zwar an der frischen Luft. Ich schmeiße mich in die Laufklamotten und los geht's! Ich jogge ein paar Meter und sobald ich außer Atem komme, gehe ich ein paar Schritte, dann jogge ich wieder. Ich habe das Gefühl, mich wieder zu spüren, gehe mit meinem Körper achtsamer um und merke sehr schnell, wenn es zu viel wird. Also nichts übertreiben! Ich laufe bis zu einem Vita Parcours, einem sogenannten Play-Park. Hier kann man verschiedene Koordinations-, Geschicklichkeits- und Kraftübungen an unterschiedlichen Stationen absolvieren. Dazu habe ich jetzt auch Lust. An vier Stationen mache ich, oft über meine Unkoordiniertheit lächelnd, ein paar Übungen. Dann trabe ich wieder gemütlich zurück ins Hotel. Ich kann mich nicht erinnern, wann ich das letzte Mal einfach das getan habe, wozu ich gerade Lust hatte. Mein Terminplan sah für intuitive Aktionen bis jetzt leider kein Zeitfenster vor. Ich fasse einen Entschluss: Zeitfenster mit dem Kürzel »Zfm« werden zu Hause sofort in meinen Kalender eingetragen. »Zfm« steht für »Zeit für mich«. Schließlich trage ich sonst auch alle Termine ein. Wie konnte ich mich bis jetzt einfach vergessen? Steht denn in Ihrem Terminplaner »Zfm«?

Heute gönne ich mir einen Entspannungskurs nach Jacobson (Progressive Muskelentspannung).

> Anmerkung:
> Die Progressive Muskelentspannung nach Jacobson ist eine Entspannungstechnik, die auf einer gezielten An- und Entspannung der Muskulatur basiert. Dadurch soll das eigene Körperempfinden geschult, Anspannungen gelöst und Stress abgebaut werden.
> Dabei werden nacheinander die einzelnen Muskelpartien in einer bestimmten Reihenfolge zunächst angespannt, die Muskelspannung kurz gehalten und anschließend gelöst.

Es war herrlich. Allerdings habe ich nun einen ersten Terminkonflikt. Der feuchte Leberwickel vor dem Mittagessen passt nun nicht mehr in meinen Plan. Und wissen Sie, was ich mir denke: »Wurscht, dann halt nicht!«. So kenn ich mich ja gar nicht! Ich muss innerlich lächeln und habe das gute Gefühl, dass die Kur auch mental einiges bewegt. Bis jetzt war es für mich undenkbar, Termine nicht einzuhalten beziehungsweise »Aufgaben« einfach liegen zu lassen. Zumindest beim Leberwickel scheine ich es nun schon zu schaffen. Schön!

Unser »Mittagessen« nehmen wir heute in der Gartenlaube ein. Semmellutschen im Zweiertakt. An das Nicht-Sprechen während des Essens haben wir uns schon gewöhnt. Man muss also nicht erst 30 Jahre verheiratet sein, um beim Essen nicht mehr miteinander zu sprechen. F. X. Mayr macht's früher möglich. Ehrlich gesagt genießen wir es mittlerweile.

Nun holen wir noch den feuchten Leberwickel nach. Eindösen garantiert. Nach einer Stunde Tiefschlaf wachen wir wieder auf. Ich beschließe, top ausgeruht ein paar Pilatesübungen zu machen, um mich wieder ein bisschen zu mobilisieren. Schließlich kann ich nicht nur herumliegen. Mein Verstand hat schon wieder Lust, den Körper aktiv zu bewegen. So schwinge ich mich in die Trainingsklamotten und marschiere total motiviert in den Gymnastikraum. Bei den ersten Pilatesübungen sagt mir mein Körper aber sehr schnell, dass ein Training noch mit Vorsicht anzugehen ist. Ich habe nicht wirklich viel Kraft, stelle ich schon etwas enttäuscht, muss ich zugeben, fest. Ich mache die Übungen daher nun sehr achtsam und übertreibe es nicht. Eine für mich schwierige Übung. Ich bin schließlich so programmiert, dass ich alles mit 120 Prozent mache. Etwas nur mit 80 Prozent zu erledigen, schien mir im Berufsalltag, bis jetzt zumindest, undenkbar. Zu lernen, dass 100 Prozent oder sogar 80 Prozent auch mal ausreichen, ist für mich nicht einfach zu akzeptieren. Hier bei der Kur wende ich es nun zumindest schon mal beim Pilates an. Und es tut gut. Verdammt gut!

Durch das tolle abwechslungsreiche Kurprogramm vergessen wir fast das Hungergefühl – beziehungsweise haben gar keine Zeit – an Kaffee und Kuchen zu denken. Mittlerweile fühlen wir uns so wohl, dass uns der Gedanke an das Kuchenbuffet kalt lässt. Sollen doch die anderen schlemmen, wir tun uns etwas Gutes! Hätten Sie mir noch vor einem Jahr gesagt, dass ich nach fünf Tagen Semmeln, Joghurt und Basensuppe die Sahnetorte links liegen lasse, hätte ich Sie für verrückt erklärt.

Im Wissen, dass unten nun der Run auf das nachmittägliche Kuchenbuffet beginnt, schlüpfe ich in meinen Bademantel und mache mich auf den Weg in die Kurabteilung.

60 Minuten Aromaölmassage stehen auf dem Programm.

Nach der Massage fühle ich mich wie neu geboren. Es ist wirklich eine Traummassage, bei der verschiedene Meridiane aktiviert werden. Ich treffe Christoph wieder mal ganz zufällig im Zimmer und wir genießen bei einem Glas Tee unsere Terrasse mit Blick auf den Waldrand. Ruhe pur, diese Kur.

18:00

Heute habe ich doch tatsächlich eine ernste Auseinandersetzung mit meinem Gehirn. Beim Abendessen im Kauzimmer stelle ich fest, dass mein Gehirn dem wenigen Essen den Kampf ansagt. Gefühlt bin ich nämlich eindeutig nach zweieinhalb Tassen Basensuppe satt, aber mein Gehirn schreit nach mehr. Diese Erkenntnis ist sehr interessant. Der Kopf kriegt es offensichtlich nicht auf die Reihe, dass ich nach so wenig Essen satt sein kann. Der Magen sendet aber eindeutige Signale, dass es so ist. Ein Zweikampf scheint stattzufinden. Habe ich mich bisher immer für die Kommandos meines Oberstübchens entschieden, so schlage ich mich heute eindeutig auf die Seite des Magens. Daran wird sich mein Gehirn wohl noch gewöhnen müssen, basta!

`19:00`

Heute hält die Mayr-Ärztin Frau Dunja Angerer-Schmidtchen, die Hausherrin von Bad Clevers, einen Vortrag: »Gesundheit – ein ganzheitliches Konzept«. Der Vortrag ist sehr interessant. Besonders spannend finden wir die Aussage, dass, wer viel Sport macht UND wenig isst, Muskelmasse ab- statt aufbaut. Der Körper braucht für viel sportliche Aktivitäten viel Energie, wozu man wiederum genug essen muss. Die fehlende Energie holt er sich nämlich als erstes aus den Muskeln. Dumm gelaufen, denn gerade die Muskeln sind es ja, die Fett verbrennen. Wer viel Sport macht, muss also auch viel essen. Christoph und ich sind uns einig, dass diese Erkenntnis neu für uns ist. Rund 50 Prozent der Ernährung sollten langkettige Kohlenhydrate ausmachen (Vollkornnudeln, Vollkornbrot, Kartoffeln,...). Das wussten wir wirklich nicht. Dabei beschäftigen wir uns schon seit Jahren mit Ernährung und treiben Sport. Tja, man kann offensichtlich immer noch etwas dazulernen. Das sind auf jeden Fall gute Nachrichten. Viel Sport und vor allem viel Essen klingt wie Musik in unseren Ohren.

Fazit Gesamtbefinden Tag 5

Ich möchte für mich abspeichern, dass auch 80 Prozent bei vielen Dingen völlig ausreichen, ja sich sogar gut anfühlen. Gespannt bin ich, ob ich diese Erkenntnis dann auch wirklich in den Berufsalltag mitnehmen kann.

Was ich auch noch verinnerliche, ist, dass der Kopf meint, mehr Essen hinein schaufeln zu müssen, obwohl der Magen schon »Stopp« sagt. Ich werde also in Zukunft auf meinen Magen hören. Die Schwierigkeit dabei ist allerdings, dass ich neben dem

Essen nichts anderes tun sollte, da ich sonst die Signale des Magens überhöre. Außerdem erschien es mir am Anfang wirklich komisch, beim ersten Sättigungsgefühl mit dem Essen aufzuhören. Schließlich bin ich es gewohnt, dann aufzuhören, wenn ich mich pappsatt fühle. Da habe ich dann allerdings immer schon über die eigentlichen Bedürfnisse hinaus geschlemmt. Wenn ich das bei jeder Mahlzeit mache, ist es kein Wunder, dass schlussendlich das Gewicht stetig nach oben geht. Ehrlich gesagt kann ich immer noch nicht glauben, dass ich nach zweieinhalb Tassen Suppe satt sein kann. Da habe ich wohl noch viel zu lernen. Vor allem die Mengen, die wir tatsächlich benötigen, um uns satt zu fühlen, erscheinen im Vergleich zu dem, was wir vorher verdrückt haben, unglaublich klein. Die Augen können einfach nicht glauben, dass diese Miniportionen satt machen sollen. Christoph und ich fühlen uns aber sehr gut. Es gefällt uns. Wir beginnen, uns wohl zu fühlen, haben uns in den Kur- und Kau-Rhythmus eingefunden, die Schnitzel vergessen und fühlen uns in diesem Hotel wie zu Hause.

Tag 6
Schenkelguss und Shoppingtour

07:00

Heute habe ich sehr schlecht geschlafen und nur Blödsinn geträumt. Das Letzte, an das ich mich erinnern kann, kurz bevor der Wecker klingelte, war im Traum der Blick in den Spiegel und die schreckliche Erkenntnis, dass sich im linken Mundwinkel eine riesige Fieberblase aufgezogen hatte. Das fehlte mir jetzt noch! Die Erleichterung ist groß, als ich ohne Fieberblase aufwache.

Um dem Anblick des Bittersalzes nicht zu lange ausgesetzt sein zu müssen, würge ich es hinunter und schmeiße gleich die Säure-Basen-Tabletten hinterher. Erledigt ist erledigt.

Ich werfe einen Blick auf meinen Therapie-Plan. Mich trifft gleich der nächste Schlag: 7:30 Uhr, Kneipp-Wechsel-Schenkelguss! Bei diesem Guss wird mit dem eisig kalten Wasser bis über die Hüfte gefahren! Also ich muss sagen, ich empfinde schon den Gedanken daran als sehr erweckend und aktivierend. Kurz überlege ich, ob ich diesen Termin nicht sozusagen einfach überschlafen oder vergessen soll. Bis jetzt war ich ja brav bei jedem Termin. Da kann man schon mal einen versehentlich vergessen, oder? Der innere Schweinehund arbeitet auf Hochtouren und lässt mich darüber noch ein paar Sekunden nachdenken. Plötzlich meldet sich dann doch wieder die Stimme der Vernunft: »Jetzt wird nicht gekniffen! Außerdem tut es dir gut. Andere haben schon einen Ganzkörper-Guss überlebt, also stell dich nicht so an.« Ich ziehe meinen Bikini und Bademantel an und latsche, zugegebenermaßen nicht sehr motiviert, zu den Gießräumen.

Ich habe den Kneipp-Wechsel-Schenkelguss überlebt, aber das war was! Ich musste schon all meinen Mut zusammennehmen und mich an der Wand an einem Griff festhalten, um sicherzustellen, dass ich nicht gleich weglaufen würde. Das eisige Wasser fühlte sich ganz seltsam und irgendwie speziell an. Das »Feeling« war schwer zu beschreiben. Mir schwant Schreckliches. Sollten mir die Kneippgüsse etwa langsam gefallen? Nun habe ich immerhin schon mal den Oberschenkel erreicht, eigentlich ein Grund, ein bisschen stolz zu sein. Leise Zweifel beschleichen mich aber, wenn ich an den ultimativen »one and only« Ganzkörperguss denke, der das Highlight gegen Ende der drei Wochen Kur werden soll. Mal schauen …

Die Termine bei unserer Ärztin oder im Labor sind für uns sehr wichtig, geben sie uns doch das Gefühl, in guten Händen zu sein. Heute wird mir nochmal Blut abgenommen, um sicherzustellen, dass der Wert der Harnsäure nicht bedenklich angestiegen ist. »Bei dieser Rundumbetreuung kann ja gar nichts schief gehen«, sage ich mir und freue mich darauf, was der heutige Tag bringen wird.

Endlich Frühstück. Ein Genuss. Erneut reden wir nicht während der 45 Minuten. Ich empfinde es als äußerst angenehm. Mann und Frau müssen ja nicht immer quatschen.

Während des Frühstücks müssen wir beide zweimal aus Bittersalz-Gründen austreten. Der Darm kommt jetzt so richtig in Schwung und wir geben uns abwechselnd die Badezimmertüre in die Hand. Wir beschließen, ab morgen das Frühstück im Zimmer einzunehmen. Da ist der Weg zur Toilette eindeutig kürzer.

Endlich wieder (eigentlich müsste es heißen: schon wieder) ein entspannender Programmpunkt: Aroma-Entschlackungswickel in der Schwebeliege. Wieder ein Traum. Als ich so da liege, eingepackt in ein wunderbares Aromaöl, versenkt in der Schwebeliege, sage ich zu mir: »Nur so und wirklich nur so ist die F. X. Mayr-Kur ein Genuss.« Wir werden hier so verwöhnt und können richtig entspannen. Wenn ich mir nun vorstelle, dass ich arbeite und von einer Unterrichtsstunde in die andere hetze – nein danke, oder wie der Spanier zu sagen pflegt »No way«.

Die Entspannung ist ja auch ein wesentlicher Bestandteil der Kur. Für uns wäre eine »nebenberufliche« Kur der reinste Horror. Vor allem braucht der Körper durch das Arbeiten ja auch mehr Energie. Ganz abgesehen davon, dass wir ständig mit Bäckereien, normal essenden Mitbürgern und anderen Gelüste machenden Dingen konfrontiert wären. Das wäre eine Kur, die ganz am Sinn einer Kur vorbei geht.

Hier in Bad Clevers können wir eventuell aufkommende Hungergefühle mühelos durch die verschiedensten Aktivitäten und Behandlungen überbrücken. Im traumhaften Garten unter großen, alten Bäumen liegen wir einfach im Liegestuhl und lesen ein gutes Buch oder schauen einfach nur den Wolken beim Vorüberziehen zu. Wir sagen uns jeden Tag, dass wir mit diesem Hotel wirklich ein Traum-Hotel für so eine Kur gefunden haben. Das Spezielle ist, dass jeder, aber auch wirklich jeder Mitarbeiter so unglaublich herzlich, zuvorkommend und hilfsbereit ist, dass es eine Freude ist und zum Wohlbefinden extrem viel beiträgt.

11:00

Und schon wieder husche ich zum Arzttermin. Die Bauchbehandlung ist immer noch ein Genuss. Die Laborwerte sind auch schon da. Die Harnsäure ist nicht erhöht. Es ist alles in Ordnung.

Nur mein Blutdruck ist noch nicht höher. Anscheinend muss er das auch nicht sein. Ich muss sagen, ich fühle mich wohl und wesentlich »dynamischer« als gestern. Das habe ich schon beim Aufstehen gemerkt. Es wird mir auch nicht mehr so oft schwindlig, wenn ich zu schnell aufstehe. Mein Körper renkt sich scheinbar langsam, aber sicher von selbst wieder ein.

11:45

Plötzlich überkommt mich das Bedürfnis, ein bisschen Krafttraining zu machen. Also mache ich mich auf in den Geräteraum. Eine der Trainerinnen ist erstaunt, mich hier zu treffen und fragt: »Trotz F. X. Mayr-Kur schon wieder Sport? – Hut ab.« Ich nehme es als Kompliment und muss sagen, dass ich wirklich Lust habe, etwas zu tun. Das ist doch schon mal ein gutes Zeichen, oder? Es scheint aufwärts zu gehen. Ich entscheide mich also für Sport statt feuchtem Leberwickel. Ein zweites Mal kann man ihn sicher auslassen, muss ja keiner wissen.

Der Sport tut mir gut. Leichtes Krafttraining lässt mich meinen Körper wieder spüren. Ich fühle mich nachher munter, allerdings auch sehr hungrig. Wieder einmal freue ich mich auf mein Semmelchen.

12:30

Unser Dinkelsemmerl ist ein wahrer Genuss! Wir brauchen dieses Kaugefühl und das Gefühl, auf etwas Richtiges zu beißen. Bei Kuren ohne etwas zum Beißen fällt die Schulung der Esskultur weg. Diese neue Esskultur ist aber genau das, was enorm zum Wohlfühlen und zur Gesundheit beiträgt und auch nach der Kur weitergeführt werden soll.

Wir beschließen einen Ausflug nach Memmingen zu machen, da wir beide heute Nachmittag keinen Behandlungstermin haben – Juhu! Endlich wieder einmal unter die Leute, shoppen und Stadtflair genießen. Wir freuen uns riesig! Gesagt, getan.

17:00

Wir sind zurück aus Memmingen und todmüde. Wir müssen Ihnen definitiv abraten, während der F. X. Mayr-Kur durch eine Stadt zu schlendern. Erstens sind die Menschenmassen im Vergleich zur Ruhe im Hotel sehr anstrengend und hektisch und zweitens ist es relativ schwierig, die ganzen »Fress«-Möglichkeiten zu übersehen. Hier ein Dönerstand, da eine Würstelbude und dort eine Bäckerei mit duftenden Köstlichkeiten. Ganz zu schweigen von den verschiedenen Menükarten der Restaurants, die einem das Wasser im Mund zusammenlaufen lassen.

Was wir brauchten, war eine Überlebensstrategie, um den Versuchungen zu widerstehen. Und diese Strategie war schnell gefunden, nämlich sich möglichst ununterbrochen in Kleiderboutiquen oder Buchläden aufzuhalten. Da war die Wahrscheinlichkeit doch eher gering, zwischen Büchern oder Jeans einen Snack zu entdecken. Unsere Wahrnehmung war sehr auf Essen fokussiert. Wir hatten wirklich den Eindruck, dass alle Leute mampfend oder Eis schleckend an uns vorbei zogen. Ach, wie schön ist es doch, wenn man weiß, dass einem im Hotel ein Süppchen erwartet und man sich nicht unnötige Kalorien einverleiben muss (sarkastische Anmerkung der Autorin).

Sie müssen wissen, vor der Kur wurde ich, wenn ich den leisesten Anflug von Hunger verspürte, unausstehlich. Essen musste dann her und zwar schnellstens. Ich schaffte es auch immer wieder problemlos, mir schnell irgendetwas Essbares zwischen die Kiemen zu schieben, meist ein sinnloses Brötchen oder eine Nussschnecke, läppische 400 Kilokalorien.

Mittlerweile kann ich ganz gut mit einem Hungergefühl umgehen. Entweder ich trinke etwas oder ich lenke mich ab und schaffe es so, einfach noch eine Stunde zu warten. Tja, und das auch noch ohne schlechte Laune. Wann hatten Sie eigentlich das letzte Mal so richtig Hunger? Sie können sich nicht erinnern? Wahrscheinlich lassen Sie gar kein Hungergefühl aufkommen, stimmt's? Sie sind immer schneller als der Hunger. Ich muss Ihnen sagen, ich machte es nicht anders. Offensichtlich habe ich mit dieser Kur schon wieder etwas gelernt: Hunger ist zum Aushalten.

Anmerkung: (Wikipedia)
Appetit im Vergleich zu Hunger:
In Wikipedia wird der Unterschied von Hunger und Appetit sehr gut erklärt. Echtes Hungergefühl ist unangenehm bis schmerzhaft. Hunger ist auch wesentlich weniger wählerisch als Appetit. Wenn man Hunger hat, hat man das Bedürfnis, einfach irgendetwas zu essen, damit man satt wird. Hunger wird ausgelöst durch das Absinken des Glukosespiegels, Änderungen des Thermo- und Lipidstoffwechsels und durch Kontraktionen des Magens. Der Appetit hingegen wird stark von Sinneswahrnehmungen beeinflusst. Aussehen, Geruch, Geschmack, Temperatur und Konsistenz der Speisen spielen hier eine wichtige Rolle. Sensorische Faktoren spielen hier die Hauptrolle. Bei einem Buffet fördert ein vielfältiges Nahrungsangebot den Appetit, unabhängig von der Sättigung, das heißt viele Menschen essen dann wesentlich mehr, als zur Sättigung notwendig wäre.

18:00

Heute Abend ist wieder ein Süppchen im Kaminzimmer angesagt. Die anderen zwei F.X. Mayr-Gäste machen schon die Mayr-Aufbau-Diät und trauen sich offensichtlich mit ihrem Gemüse und Fisch schon wieder unter die Leute. Das ist uns gar nicht so unrecht. Wir haben gerade heute Abend wieder festgestellt, dass die Möglichkeit, das Essen überall im Haus oder

Garten einzunehmen, eine große Hilfe bei der Kur ist. Heute Abend zum Beispiel gibt es für die »normalen« Kurgäste ein Buffet mit bayrischen Schmankerln. Allein die Gerüche, die durchs Haus ziehen, sind eine Sünde wert, ein Traum für jeden Kurgast. Für uns ist es unvorstellbar, mitten unter den Schmankerln sitzen zu müssen und ein Süppchen zu löffeln. Hier aber, alleine im Kaminzimmer, wird jedes Süppchen zum Genuss. Und die Ruhe ist genau das, was wir im Moment brauchen.

Wir gönnen uns noch einen Leberwickel und schlafen dann todmüde ein.

Fazit Gesamtbefinden Tag 6

Ehrlich gesagt haben wir auf den großen Energiekick an Tag vier oder fünf gewartet, wie wir vom Hörensagen wussten. Davon ist aber so gar nichts zu merken. Wir haben nicht das Gefühl Bäume ausreißen oder LKWs mit den Zähnen ziehen zu können. Auch haben wir keinerlei Power und schon gar nicht Power ohne Ende. Diese Theorie können wir leider nicht bestätigen. Auf keinen Fall. Was wir aber feststellen, ist, dass langsam nach der Schlappheit wieder ein bisschen Lust an Bewegung kommt. Das ist doch auch schon mal etwas, oder? Ganz im Sinne der Kur könnte man sagen: »Man muss auch kleine Brötchen backen können.« Auf jeden Fall sind wir stolz, dass wir noch keinen Ausreißer hatten und uns wirklich brav an die Vorgaben gehalten haben. Es war eine gute Idee, die Kur zu zweit zu machen. Da kann man sich bei Bedarf gegenseitig aufmuntern. Wir schauen den nächsten Tagen gespannt entgegen und sind sehr positiv gestimmt.

Tag 7
Kalorientechnisch im Minus

07:00

Um 7:00 Uhr läutet der Wecker. Schlafen tue ich im Moment sehr oberflächlich, bin manchmal spät am Abend sehr aufgedreht und träume viel. Meine Ärztin meint, dass das gar nicht so selten ist beim Fasten. Offensichtlich werden durch die Träume auch noch Dinge »entsorgt« beziehungsweise aufgearbeitet, jetzt, wo der Körper zur Ruhe kommt.

Am meisten graust mir immer noch vor dem Bittersalz. Christoph schluckt es schwuppdiwupp hinunter und spült dann mit viel kaltem Wasser nach. Ich tue es ihm gleich. Es nützt ja nichts. Nach dem Bittersalz schmeckt das Leitungswasser übrigens richtig süßlich.

Und dann wartet schon wieder der Kneippguss. Dieses Mal ein harmloser Armguss. Der geht von den Fingern bis hoch zur Schulter und ist ganz angenehm. Trotzdem ist es etwas früh für solche eiskalten Aktionen. Langsam habe ich das Gefühl, dass die F. X. Mayr-Kur auch abhärtet. Man wird irgendwie im wahrsten Sinne »cooler«.

11:15

Mein nächster Termin ist heute die Wirbelsäulengymnastik um 11:15 Uhr. Da ich mich heute relativ »stark« fühle, mache ich vorher noch eine halbe Stunde einen Zirkel an den Geräten, um meine Muskeln wieder ein bisschen zu stärken. Das tut mir wirklich gut. Um 11:15 Uhr geht dann die Wirbelsäulengymnastik los. Der Raum ist voll. Zum Glück hat mir Frau Angerer-Schmidtchen einen Platz reserviert. Wenn man das nicht macht, kann man Pech haben. Die Kurse sind sehr gut belegt und mit mehr als zwölf Personen wird es unangenehm in diesem Raum.

Wir machen alle Arten von Brücken und kommen darauf, dass wir ganz schöne Weicheier sind. Es sind zwar total simple Übungen, die aber enorm Kraft verlangen. Ich ertappe mich dabei, wie ich zu den Sechzig- und Siebzigjährigen schiele und hoffe, dass sie bei der Übung schneller die Kraft verlässt, was leider, zu meiner Schande, nicht immer der Fall ist. Die Kursleiterin meint, für die Übungen muss man weder die Wohnzimmermöbel verrücken, noch Geräte hervor schleppen. Diese Übungen kann man einfach während den Abendnachrichten machen. Man müsse die Nachrichten ja nicht »kucken«, es reichte ja, wenn man sie hört. So einfach wäre es, wenn einen dann nicht immer die Couch anlächeln würde und den Gedanken an eine Anstrengung zunichte machen würde.

Das Wetter lässt seit unserer Ankunft – es war gerade mal Dienstag und Mittwoch halbwegs trocken – zu wünschen übrig. Heute regnet es in Strömen, nein, es kübelt nur so. Außerdem ist es immer noch relativ frisch für den Monat Juli. Am Morgen haben wir zwischen sieben und zehn Grad! Aber irgendwie passt das Wetter zu unserem Kurverlauf. Wenn wir dann nächste Woche mit der Aufbaudiät beginnen und wieder aktiv werden können, soll angeblich auch das Wetter besser werden.

Wir genießen unser Semmelchen in trauter Zweisamkeit im Kaminzimmer – ohne Worte! Darin sind wir schon verdammt gut.

Zurück im Zimmer diskutieren wir, wie lange wir das strenge Fasten noch machen möchten. Frau Angerer-Schmidtchen hat uns gesagt, dass wir das selbst bestimmen können beziehungsweise einfach auch merken werden, wann es genug ist. Wir fassen mal ins Auge, nach zehn Tagen strengen Fastens mit dem Aufbauprogramm zu beginnen. Das heißt für uns: noch drei Tage durchhalten. Oder sollte ich besser sagen: das Fasten genießen? Wir sind sicher, dass das für uns dann ausreicht. Verdammt sicher! Der Darm ist saniert, wir sind erholt und freuen uns jetzt schon wieder auf etwas »Richtiges« zu essen. Ich muss sagen, dadurch, dass wir kaum mit »richtigem« Essen in Berührung kommen, geht es hervorragend mit unserem Fasten-Menü. Die Versuchung ist praktisch gleich null und das Hungergefühl wird auch jeden Tag weniger. Ich fühle heute erstmals ungeahnte Kräfte in mir aufkommen. Das ist ein gutes Gefühl.

Wir schlendern in unser Zimmer, machen unseren Leberwickel und dösen zur Abwechslung mal wieder ein.

Nun steht für mich ein Aroma-Körperwickel von 90 Minuten an. Ich freue mich riesig darauf! Ich habe schon lange nichts Entspannendes mehr getan (Scherz!).

Bei diesem Wickel macht man zuerst ein Ganzkörperpeeling, eine Wohltat. Dann gibt es eine Ganzkörpermassage Richtung Lymphe, um den Abtransport der Schlacken zu erleichtern. Es folgt eine Packung aus Ölen, Ingwer und Pfeffer, während der ich noch eine Kopfmassage erhalte. Es ist zum Wegknicken. Abschließend bekomme ich ein Körperpflegebalsam mit kühlendem Menthol. Alles in allem ein voller Genuss. Ich begebe mich völlig überentspannt in den Saunabereich mit der Absicht, etwas nachzuruhen. Nach einer Stunde Tiefschlaf wache ich auf. Das ist doch eine Traum-Kur!

Ich schwinge mich kurze Zeit später noch dynamisch in meine Trainingsklamotten und entscheide mich für eine halbe Stunde Ausdauertraining auf dem Stepper. Coole Musik aus meinem iPod shuffle begleitet mich. Natürlich gehe ich das Training vorsichtig an. Schließlich habe ich heute Vormittag schon ein Training hinter mir. Also schaue ich brav auf meinen Puls und beschließe, sobald ich mich unwohl fühle, sofort vom Gerät herunter zu steigen. Schließlich bekomme ich im Moment nicht mehr als zwei Brötchen mit ein bisschen Naturjoghurt und ein klares Süppchen an Energie. Als ich dann nach 20 Minuten auf dem Gerät ablesen kann, dass ich nun 250 Kalorien verbrannt habe, nehme ich an, dass ich nun kalorientechnisch an diesem Samstag definitiv ins Minus gerutscht bin. Das ist vielleicht cool! Und ich fühle mich gut. Das ist ja wohl die Hauptsache.

Ich schwinge mich unter die Dusche und schreite zum »Abendessen«.

Den Tag beschließe ich wiederum zusammen mit Christoph und einem feuchten Leberwickel, im Moment unsere einzige gemeinsame Tätigkeit.

Fazit Gesamtbefinden Tag 7

Der Schlaf ist eher unruhig, zumindest mein Schlaf. Christoph schläft ganz gut. Vom Körpergefühl her haben wir beide langsam wieder Lust, uns beim Sport ein bisschen zu fordern, allerdings mit Bedacht. Wir handeln sehr intuitiv, aus dem Bauch heraus, hören auf unseren Körper und sind insgesamt sehr achtsam geworden. Faszinierend ist, dass das Hungergefühl fast verschwunden ist beziehungsweise dass wir es mit viel Trinken sehr gut aushalten. Das Ziel, noch drei Tage durchzuhalten und dann langsam wieder die Ernährung aufzubauen, motiviert uns. Wir fühlen uns sehr entschleunigt und sind guter Dinge.

Tag 8
Balzverhalten im Kraftraum

Das Schönste heute ist, dass wir nicht zum Kneippguss müssen. Darin sind wir uns einig. Auf den eiskalten Guss mit leerem Magen können wir gut verzichten.

Ansonsten ist heute gar kein Termin, weder Arzt noch Behandlung noch Sportprogramm. Ein richtig freier Tag, der erste während unserer Kur. Ich glaube, den werden wir richtig genießen! Allerdings habe ich heute die ganze Nacht nicht geschlafen. Keine Ahnung wieso, aber ich war putzmunter. Dafür bin ich nun wie gerädert. Mal schauen, was der Tag bringt.

`07:30`

Ich hole unser Frühstück ins Zimmer, da wir ja nun wissen, dass wir zwei- bis dreimal aufgrund der Wirkung des Bittersalzes das Frühstück verlassen müssen. Heute schaffe ich das Brötchen in unglaublichen 50 Minuten. Ein neuer Rekord! Die Verdauung funktioniert nun rasant. Wir stehen beide sicher drei Mal vom Frühstückstisch auf, um die Toilette aufzusuchen. Der Darm wird nun so richtig ausgeräumt. Langsam scheint der ganze Müll aus dem Darm entsorgt zu sein. Unglaublich, wie lange so etwas dauert. Interessant ist, dass wir praktisch kein Hungergefühl haben. Ich lasse auch heute wieder zwei Scheiben von meinem Semmelchen übrig. Christoph nutzt die Gelegenheit und verdrückt meine Brötchen auch noch, in Zeitlupentempo.

Wir besuchen die Ausstellung eines lokalen Künstlers im Schloss. Der Künstler Gehret ist schon 85 Jahre alt und begrüßt uns persönlich beim Schlosseingang. Neben vielen Karikaturen sind auch sehr schöne Bilder von Venedig dabei.

Irgendwie bekomme ich plötzlich, von einer Sekunde auf die andere, ganz weiche Knie. Ein unglaubliches Durstgefühl kommt auf. Ich muss unbedingt etwas trinken, fast überkommt mich Panik. Christoph läuft los, um mir Wasser zu holen. Ein ungutes Gefühl beschleicht mich. Folgen der Entbehrungen? Ich habe das Gefühl 90 Jahre alt zu sein. Ich muss mich schnellstens hinsetzen. Christoph macht sich kurzfristig Sorgen um mich. Der Aufstieg zur Burg war wohl doch etwas zu anstrengend. Es handelt sich zwar nur um einen kleinen Hügel, aber wenn man nicht geschlafen und seit sieben Tagen nichts gegessen hat, kann eine kleine Steigung offensichtlich auch mal zur Mega-Herausforderung werden. Ich stürze das Wasser hinunter. Nach ein paar Minuten habe ich das Gefühl, dass der Schwindel nachlässt und es mir wieder besser geht. Langsam stehe ich auf und wir gehen – ich hänge mich bei Christoph ein – zurück ins Hotel.

Für mich ist auf jeden Fall das Programm für den Rest des Tages klar: Semmel essen, viel trinken und dann ab ins Bett. Gesagt, getan. Ich schlafe volle zweieinhalb Stunden! Als ich aufwache, fühle ich mich um Welten besser. Es war wohl tatsächlich der Schlafmangel. Also, nächste Lehre: Nichts essen und nicht schlafen geht nicht. Für mich ist das noch ein Grund, dass das neben dem Beruf nicht machbar wäre. Ich kann mich bei der Arbeit ja nicht einfach zwei Stunden aufs Ohr hauen, nur weil mir danach ist. Können Sie das? Das Schöne an dieser Kur ist, dass man sich Zeit für sich nehmen kann und zwar dann, wenn man sie braucht. Ein Luxus in unserer heutigen Zeit.

Ich fühle mich nun nach dem Nickerchen sogar so frisch, dass ich beschließe, eine halbe Stunde Ausdauertraining auf dem Stepper und eine halbe Stunde Krafttraining zu machen. Im Kraftraum angekommen scheint sich auch ein anderer Kurgast noch vor dem Buffet etwas Gutes tun zu wollen. Ich trainiere mit wohldosiertem Gewicht und mache nur so viele Wiederholungen, wie es leicht geht. Er, wohl um mir zu »imprägnieren«, legt sich alle Gewichtsscheiben auf die Langhantel, schnauft wie ein Stier und macht dermaßen viele Wiederholungen, dass ihm die Adern im Gesicht fast platzen. Der Mittfünfziger, der wohl mit aller Gewalt seine Jugend erhalten will, balzt wie ein Pfau. Leider kann ich mich nicht zu einer bewundernden Äußerung bezüglich des unglaublichen Gewichts, das er da stemmt, hinreißen lassen. Ich muss mich eher beherrschen, dass mein innerliches Schmunzeln nicht nach außen sichtbar wird. Wohlwissend, dass meine »Fasten-Figur« im eng anliegenden Shirt und mit Oberweite 80 C Eindruck macht, ziehe ich meinen schon fast nicht mehr vorhandenen Bauch noch ein bisschen ein, werfe das Handtuch über die Schultern, die Haare zurück, schreite an dem aufgepumpten Kraftlackl vorbei und verabschiede mich mit einem charmanten Lächeln.

18:00

Das Süppchen genießen wir im traumhaften Garten in der Abendsonne. Unser Hauptthema heute Abend ist, dass wir bald mit der Aufbaudiät anfangen wollen. Irgendwie haben wir langsam wieder das Bedürfnis, etwas »Gscheites« – wie der Österreicher sagt – zwischen unsere Kiemen zu schieben.

Wir beschließen, am Mittwoch mit der Aufbaudiät zu beginnen. Wir möchten nämlich gerne noch etwas von der hervorragenden Küche hier im Hause genießen und außerdem, und das ist der Hauptgrund, am Ende unseres Aufenthalts wieder so gut wie möglich in der Lage sein, normal zu essen. Wir werden die weitere Vorgehensweise morgen mit unserer Mayr-Ärztin besprechen. Wir sind gespannt, was sie sagen wird.

Fazit Gesamtbefinden Tag 8

Kleidertechnisch machen sich die acht Fastentage ganz deutlich bemerkbar. Ich muss den Bauch nicht mehr einziehen und die Hosen werden schon weit. Obwohl die Kur nicht zum Abnehmen gedacht ist, empfinde ich es als eine tolle Nebenwirkung! Ich bewege mich auch sofort selbstbewusster und aufrechter durch die Landschaft. Ein paar Kilo weniger machen etwas mit mir! Bei Christoph ist nun noch weniger dran als vorher. Aber er fühlt sich pudelwohl und genießt auch die paar Kilo weniger. Also abnehmen tut man definitiv. Die Kunst wird wohl sein, dieses Gewicht dann im Alltag zu halten. Ein Schlüssel dazu ist sicher das langsame Kauen und das Nicht-Sprechen oder Nicht-Lesen beim Essen. Mal schauen, ob wir die neue Esskultur auch nach diesen drei Wochen hinbekommen werden. Psychisch geht es uns ausgezeichnet. Die Aussicht auf das Ende des strengen Fastens, das Bewusstsein, dass es uns gut getan hat und die Freude auf das ausgezeichnete Essen – das alles in Kombination lässt uns innerlich wachsen und zaubert ein Lächeln auf unser Gesicht.

Tag 9
Tag der Entscheidung

07:30

Ich schlage die Augen auf. Ein Gedanke schießt mir durch den Kopf: »Nein, bitte kein Kneippguss!« Irgendwie ist es unglaublich, wie ich mich in so etwas hineinsteigern kann. Ich wische den Gedanken weg und ersetze ihn durch: »Da muss ich durch!«

Also wasche ich mir kurz das Gesicht, das schon noch sehr zerknittert aussieht, creme mich ein, in der Hoffnung, dass dadurch die Gesichtszüge etwas straffer werden und watschle dann im Bademantel mit Kurplan in der Hand hinunter zu den Gießräumen.

Ich komme um die Ecke und stelle fest, dass ich nicht die Einzige bin. Es hat sich eine richtige Schlange gebildet. Zu meiner Zufriedenheit stelle ich fest, dass die Gesichter, die aus den Bademänteln ragen, auch nicht weniger zerknittert aussehen als ich. Was für eine Beruhigung!

Das Lustige beim Warten auf den Guss ist, dass man die Gespräche des Therapeuten und des »Begossenen« mithören kann. Vor allem, wenn Verena den Guss macht. Sie hat manchmal ganz schön sarkastische Bemerkungen auf Lager. Heute sagt sie zu mir: »So, Frau Delpin, heute machen wir den Guss für Sie extra kalt.« Oder wenn sie die Türe aufmacht und erfährt, dass man heute einen Schenkelguss hat (der hinten bis über die Hüfte geht): »Ah, endlich mal was Gscheits.« Dabei reibt sie sich die Hände. Ich kann mir vorstellen, dass das für sie eine tolle Arbeit ist. Allein der Gedanke, dass sie diejenige ist, die den Schlauch in der Hand hat, und nicht die Begossene, lässt scheinbar ihre kleine sadistische Ader aufflammen. Das wäre doch auch etwas für mich? Vielleicht könnte ich mal eine Woche in den Gießräumen aushelfen? Das würde mir gefallen, einfach so für meinen Stressabbau. Ein eiskalter Schenkelguss hier und ein eiskalter Ganzkörperguss da. Genussvoll male ich mir das »Vergnügen« aus. Zumindest für mich mit dem Schlauch in der Hand wäre es ein Vergnügen. Da können Sie sicher sein!

`09:00`

Arzttermin

Frau Angerer-Schmidtchen begrüßt mich immer so herzlich, dass das schon alleine zu meinem Wohlbefinden während dieser Kur beiträgt. Die Wärme, die sie ausstrahlt, überträgt sich auf mich. Zuerst geht's auf die Waage. Ich habe zwei Komma zwei Kilogramm verloren! Mein Blutdruck hat sich wieder auf 105/60 erhöht. Das ist zwar nicht viel, aber immerhin. Das kommt sicherlich auch davon, dass ich mich wieder in der Lage fühle, Sport zu machen und es auch tue.

Christoph hat übrigens zwei Komma drei Kilogramm verloren.

Ganz vorsichtig wagen wir uns rhetorisch vor und sprechen eine eventuell von uns angedachte Aufbaudiät in naher Zukunft an. Das würde bedeuten, das strenge Fasten zu beenden. Christoph hat mit sich vereinbart, dass das meine Aufgabe ist, da ich besser im Formulieren bin. Jetzt plötzlich. Naja, ich denke, die Formulierung war nicht so schlecht, denn sie gibt uns gleich grünes Licht beziehungsweise bestärkt uns, diesem Wunsch zu folgen. Wir sind erleichtert. Ich weiß allerdings gar nicht, warum wir angespannt waren. Ehrlich nicht. Ich vermute, unser Oberstübchen hatte Angst, dass unser Wunsch abgelehnt wird und noch ein paar Tage Semmellutschen dran gehängt werden. Dem ist nun aber nicht so und unter uns: Am liebsten würden wir jetzt vor Freude eine Flasche Champagner aufmachen, natürlich eine rein basische Variante (Scherz!). Wir vereinbaren mit ihr, dass wir übermorgen die Aufbaudiät starten.

Wie das genau abläuft, werden wir noch erfahren. Was aber schon festgelegt wird, ist, dass wir die MAD 1 (Milde Ableitungsdiät Stufe 1) für zwei Tage und die MAD 2 auch für zwei Tage machen werden. Die MAD 3 führt dann zurück zum normalen Essen. Was genau wir bei der MAD 1, 2 und 3 zu essen bekommen, wissen wir noch nicht. Es ist uns aber auch ziemlich egal, Hauptsache es handelt sich um Essen, richtiges Essen.

Wir freuen uns jetzt schon darauf wie aufs Christkind. Wieder bekräftigen wir uns gegenseitig in unserer Meinung, dass nur flüssiges Fasten für uns nicht in Frage kommt. Ich glaube, ich wiederhole mich, oder? Tagelang nur trinken erscheint uns »impossible«. Vermutlich würden wir an einer Trink-Kur jämmerlich scheitern. Wir freuen uns immer auf unser Semmelchen und aufs Kauen. Wie wenig man doch braucht, um glücklich zu sein.

10:50

Ich genieße wieder eine äußerst angenehme Lymphdrainage von 60 Minuten. Da vergisst man die »Strapazen« des Fastens. Doch halt! Strapazen! Woraus genau haben denn die Strapazen bis jetzt bestanden? Das frage ich mich gerade. Ein paar Tage weniger zu essen in unserer Überflussgesellschaft kann doch wohl keine Strapaze sein, oder? Die Massagen, Arzttermine und Bäder klingen auch nicht nach Strapaze. Eventuell das Semmellutschen oder Spazierengehen in traumhafter Umgebung? Auch nicht. Mir will nicht wirklich etwas einfallen, für das der Begriff »Strapaze« Berechtigung hätte. Ich muss das Wort eindeutig revidieren. Und wissen Sie wodurch? Durch Genuss! Und seien Sie versichert: Ich bin im Vollbesitz meiner geistigen Kräfte!

Nach dem Mittagessen stünde eine naturkundliche Wanderung auf dem Programm. Christoph und ich müssen aber feststellen, dass wir uns für drei Stunden Wanderung noch nicht fit genug fühlen. So entschließen wir uns für eine entspannte Variante in Form einer kurzen Wanderung zu den Liegestühlen im traumhaften Garten unter den alten Bäumen am Badesee vor dem Hotel. Wir wollen mal nichts überstürzen. Schließlich sind wir ja zum Vergnügen hier!

Außer Abendessen – zur Abwechslung mal wieder ein klares Süppchen – und Leberwickel passiert heute nicht viel Neues. Ich bewundere den Küchenchef sehr, dass er so viele verschiedene Varianten wohlschmeckender Süppchen zaubern kann! Jedes schmeckt anders und besteht aus hochwertigsten Zutaten.

Eines muss ich vor dem Einschlafen noch feststellen: Morgen noch zu fasten, ist in Ordnung, dann aber mag ich nicht mehr. Mein Gehirn hat den Braten wohl bereits gerochen. Es läuft schon wieder auf Hochtouren. Die Ohren haben die Information, dass in nächster Zeit wieder mehr gegessen wird, zuverlässig an meine grauen Gehirnzellen weitergeleitet. Aushalten würden wir es zwar schon noch länger, aber wir möchten noch die gute Küche des Hauses in der letzten Woche erleben beziehungsweise schmecken und nicht nur im Vorbeigehen riechen. Christoph und ich diskutieren das nochmals durch und stellen beide fest, dass zehn Tage strengen Fastens eindeutig und hundertprozentig genug für uns sind. Christoph vermutet, dass es jetzt, so kurz vor dem Ende, wohl noch mühsam wird, denn wir können es gar nicht mehr erwarten. So ist es auch. Die Gedanken drehen sich allein um die Frage, was es nun wohl bald wieder zum Essen geben wird. Nun ist Geduld gefragt!

Fazit Gesamtbefinden Tag 9

Geistig fühlen wir uns wach und sehr aktiv. Ich habe Lust, an der Homepage für meine Firma, die ich plane, weiter zu arbeiten. Christoph möchte gerne wieder mehr Sport machen. Das geht aber nur, wenn wir wieder ein wenig mehr essen können. Also noch ein guter Grund, ab übermorgen mit dem Aufbau anzufangen. Wir freuen uns riesig und schlafen, wie jeden Tag ohne Fernsehen, zufrieden ein.

Tag 10
The last soup – oder »Finale Grande«

Heute stehe ich gerne auf. Statt einem eiskalten Kneippguss erwartet mich heute ein warmes Algen-Meersalz-Sprudelbad! Jupiduh! Ich stürze mich in Bademantel und Badeschlapfen und stürme in die Therapieabteilung. Manchmal denke ich mir, ich bin krank oder in der Klapsmühle, wenn ich das Wort »Therapie-abteilung« auf meinem Kurplan lese.

Ich steige in die Wanne und genieße das vollmoderne Sprudel-bad. In 15 Minuten wird der Körper nacheinander von den Wa-den bis zu den Schultern von den Düsen massiert. Wirklich ein Traum. Die Zeit vergeht wie im Flug. Ich mummle mich wieder in meinen Bademantel ein, gehe mich anziehen und schreite zum Frühstück. Die Worte »Nur noch heute fasten!« begleiten mich. Jetzt, da das Ende nah ist, lässt die Motivation nach. Das muss ich leider zugeben. Da sieht man mal wieder, wie stark sich das Oberstübchen ins tägliche Geschehen einmischt. Also wenn morgen Abend nochmal ein klares Süppchen auf dem Plan stünde, müsste ich streiken. Als weiblicher Suppenkasper würde ich sagen: »Nein, ich esse meine Suppe nicht! Nein, meine Suppe ess ich nicht!«. Ok, ich gebe zu, langsam drehe ich wohl durch. Das muss die Vorfreude sein!

09:15

Wirbelsäulengymnastik mit elf anderen Kurgästen. Also, ich muss echt sagen, dass diese Gymnastik-Halbe-Stunden ganz interes-sant sind. Ich mache wirklich, schon seit ich laufen kann, immer irgendeinen Sport – zum Beispiel Tennis spielen, Mountainbiken, Fitnessstudio, Joggen, Schwimmen und Pilates – und beschäftige mich auch viel mit der Thematik Sport und Bewegung, aber man lernt wirklich immer wieder etwas Neues. Und wenn es nur eine tolle Übung ist, bei der man sich fühlt wie 80 und merkt, dass man doch nicht so fit ist, wie man gedacht hat. Spätestens wenn der 70-Jährige neben mir mehr Wiederholungen bei einer Übung schafft als ich, vergeht mir das Schmunzeln. Ehrlich gesagt kommt das während dieser Kur auch gar nicht so selten vor.

11:00

Aromamassage 60 Minuten – schon wieder so eine Strapaze!

12:30

Nach dem Leberwickel schreiten wir zum Mittagessen. Heute leider wieder drinnen, denn es regnet in Strömen, aber was soll's! Uns wird zum Glück nicht so schnell langweilig.

14:30

Zur Abwechslung findet heute Nachmittag ein Buchbindekurs im Haus statt. Sie können sich vorstellen, dass sich Christoph da gleich angemeldet hat, bevor die Plätze weg waren. Schließlich lieben Männer doch Kurse! Sollten Sie im vorigen Satz den Sarkasmus nicht erkannt haben: Christoph rümpfte die Nase und meinte nur: »Ein Bastelkurs? Nein danke!« Dass Männer kreatives Arbeiten immer mit Basteln oder abschätzig mit Hausfrauenkurs in Verbindung bringen, ist schon manchmal nervig. Aber in meinem total erholten Zustand kostet mich das nur ein Lächeln. Ganz nach dem Motto »Wer nicht will, der hat schon!« melde ich mich eben alleine zum Kurs an. Und der Kurst macht Spaß! Wir sind vier Personen und erstellen eine tolle Mappe für Unterlagen. Sogar Christoph kann sich ein bewunderndes »Ooh« nicht verkneifen. »Ätsch, Pech gehabt, ist meine Mappe!«, sage ich und remple ihn von der Seite an. Es war wirklich lustig, sich mal wieder einer geistigen Herausforderung zu stellen. Allerdings bin ich nach den dreieinhalb Stunden »basteln« wirklich erledigt. Meine geistige Leistungsfähigkeit scheint wohl auch auf Kur zu sein.

18:00

»Tschaka, tschaka, tschaka, das letzte Mal das dünne Süppchen!« Ich freue mich wie ein Weltmeister auf morgen. Löffelchen für Löffelchen zelebriere ich das Ende des klaren Tellerinhalts. Mit Genuss mache ich dem Süppchen den Garaus. Morgen wird alles anders! Wir freuen uns dermaßen, endlich wieder etwas anderes zum Essen zu bekommen, dass man meinen könnte, es stünde Entenbraten mit Kartoffelknödeln auf dem Speiseplan. Tatsache ist, dass ich ab morgen abends ein gebundenes Süppchen bekommen werde und Christoph, der mir immer eine Kur-Phase voraus ist (Damit er nicht zu viel abnimmt! Dieses Problem möchte ich auch mal haben!), Kartoffeln und Gemüse mit einem tollen Öl obendrauf. Nur nicht neidisch werden, sage ich mir und übe mich in Demut und Geduld. Auch ich werde bald ein Kartöffelchen bekommen.

Natürlich machen wir unseren feuchten Leberwickel auch diesen Abend. Man kann sich so herrlich daran gewöhnen. Es ist so entspannend und wohltuend. Vielleicht werden wir das zu Hause auch weiter machen.

Fazit Gesamtbefinden Tag 10

Wir fühlen uns beide sehr gut, haben aber auch definitiv genug vom strengen Fasten. In uns regt sich wirklich enormer Widerstand und ein »Genug ist genug«-Gefühl. Es könnte sogar leicht aggressiv gedeutet werden. Vielleicht aber wollen wir uns die Freude auf morgen einfach nicht nehmen lassen. Körperlich fühlen wir uns nun langsam gut und ein Bedürfnis nach sportlicher Betätigung ist ganz klar da. Das interpretieren wir als gutes Zeichen. Unserem Körper haben die zehn Tage offensichtlich gut getan. Optisch auf jeden Fall! Wenn Christoph und ich, gut gebaut und schlank, an den anderen, meist doch etwas korpulenten Kurgästen vorbeigehen, fliegen uns immer wieder ungläubige Blicke zu. Eine Frau sagte sogar mal zu ihrem Mann: »Also für was die zwei die F.X. Mayr-Kur machen, weiß auch keiner!« Wir wissen es! Und vielleicht macht sie sie auch einmal. Das würde ihr optisch sicherlich gut tun, wenn ich mir diese Bemerkung erlauben darf.

Laut Frau Angerer-Schmidtchen gibt es Gäste, die gar nicht mehr mit dem Fasten aufhören wollen! Naja, wir gehören nicht zu dieser Spezies.

Tag 11
Tschaka – Tschaka – Mandelmus!

1.Tag MAD 1 (Milde Ableitungsdiät Stufe 1)

Anmerkung:

Da sich der Darm in den letzten Tagen / Wochen gerade erholt hat, muss die Belastung langsam und aufbauend erfolgen. Die Aufbauzeit sollte im Mittel ein Drittel der Fastenzeit betragen.

Im Bad Clevers beginnen wir die Aufbaudiät wie folgt:

1. und 2. Aufbautag: MAD 1

Frühstück:	*Kursemmel mit etwas Butter und Milch / Joghurt / Quark und ein weiches Ei / magerer Schinken / Käse / Honig / Mandelmus / Hirsebrei*
Mittagessen:	*Leichtes, nicht blähendes Wurzelgemüse mit Kartoffeln und Walnussöl*
Abendessen:	*Basencremesuppe (pürierte Kartoffeln mit Gemüse und Kräutern)*

3. bis 6. Aufbautag: MAD 2

Frühstück:	*wie gehabt*
Mittagessen:	*Gemüse, Kartoffeln und gedünsteter Fisch bzw. helles Fleisch*
Abendessen:	*Basencremesuppe / Ei mit nicht blähendem Gemüse*

ab 7. Aufbautag für eine weitere Woche: MAD 3

Frühstück:	*wie gehabt*
Mittagessen:	*als Vorspeise Blattsalat / Basencremesuppe Hauptgericht wie MAD 2 mit zusätzlichen Balaststoffen*
Abendessen:	*bis zu 50 g Eiweiß mit Gemüse*

Die optimale Dauerkost ist für die einzelnen Individuen sehr unterschiedlich.

Zuerst klingelt es beim Wecker. Dann klingelt es bei mir! Heute ist Mandelmus-Tag! Ich remple Christoph an und setze mich schwungvoll im Bett auf! Christoph schaut mich verdutzt an, schließlich bin ich eine absolute Nachteule und morgens normalerweise nicht für ein Lächeln zu haben. Heute aber reicht mein Lächeln vom linken bis zum rechten Ohr. Ich schaue ihm tief in die Augen und singe: »Tschaka Tschaka, Mandelmus, tschaka tschaka!« Christoph hält mich nun für völlig durchgeknallt und stellt fest, dass es Zeit ist, dass ich wieder zur normalen Ernährung zurückkehre. Mit diesen Worten kuschelt er sich wieder in sein Kopfkissen. Da ist man morgens einmal gut gelaunt und es ist auch wieder nicht recht. Aber was soll's! Heute beginnt ein neues Leben! Ich habe noch nie Mandelmus gegessen, ja nicht einmal davon gehört. Weil aber Frau Angerer-Schmidtchen so bedeutungsvoll vom Mandelmus gesprochen hat, muss es einfach etwas Gutes sein. Das Mandelmus ist nämlich für uns nach zehn Tagen strengen Fastens der erste Schritt zurück zur Normalität. Ich beginne also mit der MAD 1. Ich sage Ihnen, ich freue mich wie auf Weihnachten und Ostern zusammen! Schwups – bin ich aus dem Bett und möchte schon unter die Dusche und dann nichts wie ab zum erweiterten Frühstück, doch da klopft es!

Scheibenkleister – eine nette Dame steht im Türrahmen mit zwei Fangopackungen für unsere Lendenwirbelsäulen. Da muss ich mich wohl noch ein bisschen gedulden mit dem Essen. Ohne mit der Wimper zu zucken – man will ja nicht unhöflich sein – begebe ich mich wieder in die »Hapfn« (steirischer Ausdruck für Bett).

Als ich die heiße Fangopackung unter mir spüre, habe ich das Gefühl, auf einer Herdplatte zu liegen. Ein Blick in Christophs Gesicht sagt: »Verdammt heiß!« Aber wenn es gesund ist, hält man schon mal ein bisschen was aus. Einfach tief atmen und entspannen. Nach ein paar Minuten gewöhnen wir uns daran und genießen die wohlige Wärme. Ich stelle den Wecker, damit wir nicht wieder einschlafen. Schließlich ist der nächste Programmpunkt um 7:30 Uhr unser »geliebter« Kneippguss. Ich sage ja, mehr Termine als ein Top-Manager!

Wir schwingen uns in unsere Standard-Kleidung, unseren Bademantel und die Badeschlapfen, und machen uns auf den Weg in den Kneipp-Bereich. Unsere Lendenwirbelsäule scheint noch zu kochen. Beim Gedanken an einen Hüft-Guss mit eiskaltem Wasser, verspüre ich das dringende Bedürfnis, zu kneifen. Ich schlapfe dann aber doch brav hinter Christoph in die Gießabteilung. Wie immer sind schon einige bemannte Bademäntel in Warteposition. Irgendwie bin ich froh, dass die am Morgen auch nicht besser ausschauen. Dann mache ich daneben nicht so eine schlechte Figur, zumindest »gesichtstechnisch«. Ein Blick auf meinen Kur-Plan lässt mich innerlich lächeln. Frau Angerer-Schmidtchen hat nicht angegeben, welche Art von Guss heute auf dem Programm steht. Juhu! Das heißt, ich kann es mir aussuchen. Blitzschnell entscheide ich mich für einen Knieguss. Einen Guss über die Hüfte, auf der vor kurzem noch der heiße Fango war, kann und will ich mir gar nicht vorstellen!

Also, obwohl wir nun schon zehn Tage hier sind, muss ich mir immer noch einen Schupfer geben, um in diesen Gießraum zu gehen. Wenn es nicht so peinlich wäre, zu kneifen, hätte ich sicher schon ein paar Mal gekniffen. Die Gesichter der anderen Bademäntel spiegeln meine Gedanken wider, habe ich das Gefühl. Aber da alle »cool« sein wollen und souverän wirken möchten, gibt es kein Zurück. Die Tür geht auf und der Nächste ist dran.

Gesagt, getan, ich hole mir also den Knieguss. Nun bin ich aber endgültig wach. Christoph ist nach mir dran und so mache ich mich singend mit dem Text »Mandelmus, Mandelmus!« auf den Weg ins Zimmer. Frühstück, du kannst kommen!

Christoph und ich sitzen beim Frühstück und siehe da: Hier steht es nun, mein Mandelmus! Liebevoll betrachte ich das Schüsselchen mit einem Esslöffel Mandelmus. Mein erster Gedanke: »So sparen hätten sie damit nicht müssen, das ist ja fast gar nichts!« Die Augen haben wieder mal Angst, dass es zu wenig sein könnte. Es scheint schwer zu sein, sich umzuprogrammieren.

Mit Genuss nehme ich ein Löffelchen voll und lasse es mir auf der Zunge zergehen. Der Mandelgeschmack ist überwältigend. Unglaublich, wie sich die Geschmacksnerven um das Mus streiten. Eigentlich ist es überhaupt nicht süß, aber da wir gelernt haben, es 30 Mal zu kauen, wird es mit der Zeit extrem süß. Auf jeden Fall ist das Frühstück nun wegen eines kleinen Schüsselchens Mandelmus zum Festessen geworden. So schnell wird man bescheiden!

Danach schreiten wir noch zur Wirbelsäulengymnastik und entspannen uns dann im Zimmer. Das Mittagessen schaut heute bei mir auch anders aus: Wurzelgemüse mit Kartoffeln und Walnussöl – lecker!

Spontan und wetterbedingt – es regnet leider – planen wir einen Shopping-Trip nach Kempten. In den Boutiquen und Kaufhäusern sind wir wenigstens vor dem Regen sicher.

Wir sind also den ganzen Nachmittag in Kempten shoppen. Wir müssen feststellen, dass sich die Kondition zum Shoppen bereits wesentlich verbessert hat im Vergleich zum letzten Mal, als wir einen Ausflug nach Memmingen gemacht haben.

Auch die Resistenz gegenüber verführerischen Düften, die uns an Essen erinnern, hat sich wesentlich gebessert. Es macht uns heute gar nichts aus, anderen beim Schlemmen zuzusehen.

Fazit Gesamtbefinden Tag 11

Ich fühle mich sogar gut, weil mir nun bewusst geworden ist, was ich durch solche Völlereien und ständiges Essen meinem Körper antue. Nun, mit 43 Jahren, ist eines für mich klar: Es war höchste Zeit, 43 Jahre des Verdauens – und zwar auch oft der rücksichtslosen Völlerei auf Partys – mal wieder gut zu machen. Der Darm hat es sich redlich verdient. Ich hätte nicht gedacht, dass ich mich eines Tages so intensiv mit meinem Darm beschäftigen würde. Das Essen an sich hat nun bereits nicht mehr die Bedeutung, die es vorher hatte. Vor der Kur hatte ich den ganzen Tag irgendwie die Mahlzeiten als zentrale Ankerpunkte im Kopf. Beim Aufstehen dachte ich ans Frühstück, beim Frühstück ans Mittagessen und beim Mittagessen stellte ich mir schon wieder die Frage, was ich wohl zu Abend essen würde.

Tag 12
Gänseblümchen ausreißen statt Bäume?

2. Tag MAD 1

`07:00`

Meine Bekannten und Freunde, die die Kur auch schon mal
»nebenberuflich« gemacht haben, schwärmten immer von dem
unglaublichen Effekt, der nach drei bis vier Tagen einsetzt und
der einem das Gefühl gibt, man könnte energiemäßig Bäume
ausreißen. Da müssen wir Sie leider enttäuschen. Wir spüren
davon noch gar nichts und das an Tag 12. Wir schlafen mittlerweile so viel, dass wir uns schon fragen, wo unsere Energie hin
ist. Von Power und »schwungvoll in den Tag« ist weit und breit
nichts zu spüren. Nach dem Blick auf den Wecker geht mein Blick
müde auf den Therapieplan: Wechselarmguss steht auf dem Programm. Easy-going!

Heute nehme ich nochmal das Bittersalz, das ich langsam wirklich nicht mehr sehen kann. Naja, nützt nichts. Runter mit dem
Zeug. Wenn ich dann MAD 2 mache, kann ich das Bittersalz
langsam reduzieren und auslaufen lassen. Dann muss sich der
Darm wieder langsam an seine Arbeit gewöhnen.

Ich versuche noch kurz, mein Gesicht halbwegs auf Vordermann
zu bringen, schwinge mich in Bikini und Bademantel, schnap-
pe meinen Therapieplan und mache mich auf den Weg in die
Gießabteilung. Was ich besonders amüsant finde in so einem
Kurhotel, ist, dass jeder mit seinem Plan in der Hand durchs Hotel hühnert, entweder im Bademantel oder im Sportoutfit. Man
bekommt nämlich bei jeder Behandlung oder Sportstunde eine
Unterschrift. Außerdem ist es bei der Unzahl an verschiedenen
Massagen und Bädern gut, wenn man ihn immer dabei hat,

sonst bekommt man womöglich noch das Falsche. Das Angenehme im Hotel ist, dass alle aus ähnlichen Gründen hier sind. Es sind alles Gleichgesinnte und nicht wie in so manch anderem Hotel noch zwischendrin Business-Gäste und Familien mit Kindern. Auf Schminksessions zwischen Massage und Kneippguss kann man getrost verzichten. Die anderen Gäste schauen auch alle entspannt und »chillaxed« ungeschminkt aus.

Vor dem Gießraum haben sich schon wieder ein paar Noch-nicht-Begossene in ihren Bademänteln versammelt. Heute ist ein waschechter Bayer vor uns dran. Da man jedes Wort mithören kann, das aus den Gießräumen kommt, ist es wieder einmal ganz amüsant, den Konversationen zwischen Gast und Therapeutin zu lauschen. Als sie heute den Bayer fragt: »Na, Herr Schmidt, was darf es denn diesmal sein?«, meint Herr Schmidt: »Des frog'n se mi? Also, i dat sog'n, a Warm-Kalt-Guss!« Wir brechen alle in schallendes Gelächter aus. Das ist vielleicht ein Scherzkeks! Warm-kalt ist der Guss sowieso. Die Therapeutin wollte eigentlich wissen, ob Nacken-Arm-Knie-etc.-Guss. Vermutlich war Herr Schmidt auch noch nicht wach, sondern nur mal eben senkrecht.

`08:00`

Heute genießen wir ein herrliches Frühstück bei Sonnenschein auf der Terrasse. Wir bekommen die Möglichkeit, draußen zu frühstücken. Ich wundere mich darüber und frage eine der Mitarbeiterinnen, warum die anderen Gäste nicht rauskommen. Es ist doch viel schöner hier auf der Terrasse. Von einer Servierdame erfahren wir dann das Geheimnis unserer Ausnahme: Zu den »normalen« Kurgästen sagen sie, dass wir zwei diejenigen sind, die nur Semmel mit Joghurt bekommen und aus diesem Grund draußen sitzen dürfen. Und wenn die Gäste nicht locker lassen, fügen sie hinzu: »Sie können sich gerne zu diesen zwei Gästen nach draußen setzen. Dann bekommen Sie aber das Gleiche wie sie!« Ich glaube, ich muss Ihnen nicht sagen, dass wir immer allein draußen gegessen haben.

Auf jeden Fall muss die Anfrage »Warum nur die?« immer häufiger aufgetreten sein und so sitzen wir nun außerhalb des Blickfeldes der anderen Kurgäste an einem traumhaften, windgeschützten Sonnenplatz im Innenhof und genießen unser Frühstück.

Das Frühstück bei MAD 1 wird bei uns heute auch noch um ein bisschen Schinken oder ein Ei und Butter erweitert. Gierig beiße ich in den Schinken, als ob es kein Morgen ohne Schinken geben würde. Plötzlich halte ich mitten im Kauen inne. Die Geschmacksnerven sind so geschärft, dass mir der hochwertige, fast nicht gepökelte, magere Schinken total versalzen vorkommt. Ich kann es kaum glauben. Christoph geht es ähnlich. Das müssen Sie mal probieren! Kauen Sie einen Schinken mindestens 30 Mal! Ich verspreche Ihnen, Sie werden nicht viel von dem Schinken essen.

Das Tolle ist, dass wir nun jeden Tag gefragt werden, was wir gerne zum Mittag hätten. Für mich steht zur Auswahl Fisch oder Huhn mit Gemüse und Kartoffeln. Ich entscheide mich für Huhn. Für gedünsteten Fisch kann ich mich nicht begeistern. Da bin ich dann doch eher der »Brat-Typ«. Ich freue mich jetzt schon aufs Mittagessen. Hunger habe ich aber keinen. Ich freue mich einfach, weil jetzt das Essen doch etwas abwechslungsreicher wird. Ehrlich gesagt, irgendwann reicht einem das eintönige Suppeschlürfen.

Auf jeden Fall ist hier in diesem Hotel die Kur so entspannend, dass wir fast nicht mehr aus der Entspannung herausfinden.

Entspannung nach Jacobson. Ich sag's ja: entspannen, entspannen, enstpannen – am laufenden Band. Das kann nur gut
tun! Anscheinend soll ja irgendwann bei der Kur so ein richtiger »Boost«-Effekt eintreten, bei dem man das Gefühl hat, man
könne Bäume ausreißen. Auf diesen Effekt warten wir allerdings
immer noch vergeblich. Wir haben maximal das Gefühl, Gänse-
blümchen ausreißen zu können.

Bad Grönenbach, der Kurort, ist auch ganz reizend und empfehlenswert für einen Spaziergang. Dorthin läuft man 15 Minuten, kann ein bisschen (die Betonung liegt auf »ein bisschen«)
bummeln, Zeitschriften oder ein Buch kaufen und dann wieder
zurück schlendern. Das reicht uns momentan auch. Wie gesagt,
vom Bäumeausreißen sind wir gefühlt noch Lichtjahre entfernt.

Was wir immer vergessen, ist, Wasser mitzunehmen. Das merken wir dann sofort. Da gibt es dann nicht »egal«, denn der
Körper verlangt ganz klar nach Wasser – was mich auch nicht

wundert bei der reduzierten Nahrungsaufnahme – und dann muss man (die Betonung liegt auf »muss«) schnurstracks in den nächsten Laden gehen und Wasser kaufen. Da führt kein Weg dran vorbei. Trinken ist ja auch ein ganz wichtiger Bestandteil der Kur. Wenn man das Trinken vernachlässigen würde, könnte es sein, dass die Harnsäure ansteigt, sich in den Gelenken und schlimmstenfalls in der Niere ablagert. Das also besser nicht riskieren und brav trinken.

Fazit Gesamtbefinden Tag 12

Was ich generell nun zur Mayr-Kur feststellen muss, ist, dass wir beide diesen »Ich kann jetzt Bäume ausreißen«-Effekt nicht verspürt haben, der nach drei bis vier Tagen der Kur einsetzen soll. Körperlich fühlen wir uns immer noch eher begrenzt kräftig, aber geistig erleben wir wirklich einen unglaublichen Schub beziehungsweise wieder Lust, Dinge zu erledigen, die schon lange herumliegen. Wir haben sogar schon erste gute Ideen für den beruflichen Alltag und fühlen uns geistig wirklich top. Das Wohlfühlen vom Kopf her überwiegt eindeutig gegenüber dem des Körpers. Die Lust, sich zu bewegen, ist schon da, aber der Körper ist durch das wenige Essen nicht wirklich ausdauernd. So machen wir sportlich einfach das, wozu wir Lust haben. Mal eine halbe Stunde auf den Stepper mit coolem Sound, dann eine halbe Stunde Krafttraining oder wir gehen einfach eine Runde in der wunderschönen Gegend spazieren. Und das ist ja auch wohltuend für die Seele! Wir geben unseren Körpern einfach noch Zeit.

Tag 13
Ich kann doch nicht schon satt sein!

1. Tag MAD 2

`07:00`

Heute ist der Wechselschenkelguss an der Reihe. Langsam gewöhne ich mich daran. Ich denke, dass ich das zu Hause auch weiter fortführen werde. Vor dem Guss würde ich am liebsten Reißaus nehmen, nach dem Guss fühle ich mich frisch und munter. Christoph meint, dass der Guss die gleiche Wirkung wie ein starker Espresso hat, aber gesünder ist. Also, da kann ich ihm nur zustimmen.

Das Frühstück muss heute noch warten, weil ich um 8:00 Uhr einen Labortermin habe. Da wir mindestens eine Dreiviertelstunde für unser Frühstück rechnen müssen – mit all dem Kauen – schaffen wir das vor dem Labortermin einfach nicht mehr! Eine Dreiviertelstunde für ein Frühstück!!! Hätte man mir das vor der Kur gesagt, hätte ich lauthals gelacht. Ich weiß nicht, wie ich das zu Hause hinkriegen soll, denn bis jetzt war es immer so, dass wir aufgestanden sind, geduscht und uns bürofertig gemacht haben. Den Rest der Zeit – und wir Frauen kennen das, dass es manchmal lange dauert, wenn wir vor unserem Kleiderschrank stehen und nicht wissen, was wir anziehen sollen – der oft nur fünf Minuten betrug, wendeten wir für das Frühstück auf. Von Kauen keine Spur, wir haben einfach nur schnell was »hinuntergeschlungen«.

Wir besprechen diese Tatsache und nehmen uns vor, dass wir zu Hause unsere Morgenroutine etwas abändern werden, das heißt:

1. Eine halbe Stunde früher aufstehen, also um 5:30 Uhr statt um 6:00 Uhr.

2. Dann ein wohltuender ;-) Kneippguss mit anschließendem Frühstück.

3. Anziehen und um 7:00 Uhr ab zur Arbeit.

Vornehmen tun wir es uns – ob wir es hinkriegen, wird sich zeigen. Wahrscheinlich werde ich in Zukunft total unfrisiert aus dem Haus eilen, Hauptsache gut gekaut!

8:00

Labortermin. Nochmal wird Blut abgenommen, um den Harnsäurewert zu kontrollieren. Das Ergebnis erhalten wir dann beim Arzttermin.

Endlich Frühstück – welche Wonne! Ich hätte wirklich nie gedacht, dass man sich so auf ein trockenes Brötchen mit ein bisschen Butter und Mandelmus freuen kann. Ich glaube, dass mich das Brötchen durch die Kur gerettet hat. Das Knacken und das Kauen tut einfach gut. Auch das ist mal wieder totale Kopfsache.

Und nun ab in die Sportklamotten, denn die Wirbelsäulengymnastik wartet schon.

09:15

Heute macht die Trainerin Wirbelsäulengymnastik mit einem Tennisball. Sehr interessant. Da sieht man mal wieder, wer ein Ballgefühl hat. Das Amüsante an diesen Gymnastikübungen ist, dass es immer ein paar Bewegungsbehinderte oder besser gesagt koordinativ eher Untalentierte gibt. Bei manchen schaut lockeres Schlenkern mit den Armen und gleichzeitig leichtes Wippen in den Knien aus, als ob sie einen Eiertanz aufführen würden. Wippen und Schlenkern gleichzeitig – für einige an diesem Morgen ein Ding der Unmöglichkeit. Unhöflicherweise muss ich lachen, denn es sieht einfach zu komisch aus. Speziell Männer haben in den meisten Fällen mit Koordinationsübungen nicht so wirklich etwas am Hut. Ich bin froh, dass sie Tennisbälle und keine Hanteln in den Händen haben. Die würden uns wohl um die Ohren fliegen. Liebe Männerwelt, da sieht man mal wieder ganz klar, dass die Frauen einfach rhythmischer und beweglicher sind. So, das musste jetzt mal sein!

10:30

Der nächste Arzttermin bei unserer Mayr-Ärztin steht an. Für uns sind diese Termine immer eine Wohltat. Wir fühlen uns aufgehoben und sicher in ihren Händen. Die Werte aus dem Labor sind da. Die Harnsäure ist nicht gestiegen, sondern gleich geblieben, was ein gutes Zeichen ist. Nur der Blutdruck will nicht so richtig in die Höhe. Christoph hat keine Probleme, bei ihm ist alles in Ordnung.

Da heute endlich mal die Sonne scheint, flacken wir uns jeder in einen der Liegestühle unter den Obstbäumen. Die Wiese am Teich ist ein Traum. Idyllischer geht es fast nicht mehr. Der alte Baumbestand ist sehr beeindruckend. Diese Bäume hätten sicher viel zu erzählen, denke ich mir. Der Naturteich hat immerhin schon 19 Grad! Also wenn das Wetter so bleibt – nehme ich mir vor – morgen mal in den Teich zu springen, denn für mich gibt es nichts Schöneres als Schwimmen in einem Naturteich.

So, fertig mit dem Faulenzen! Ab ins Zimmer und feuchter Leberwickel! Vor dem Mittagessen tut er einfach gut und wir ruhen uns gleichzeitig auch noch aus. Das wird bei dieser Kur auch empfohlen. Wenn man ausgeruht ist, isst man auch mit Ruhe. Wenn man dagegen direkt gestresst zum Tisch kommt, isst man genauso gestresst. Ich frage mich gerade, wie ich das im Alltag machen werde. Meist habe ich kurz vor Mittag einen enormen Hunger, aber vielleicht schaffe ich es, dass ich mich doch fünf Minuten vor dem Essen noch kurz ruhig hinsetze und versuche, die Hektik hinter mir zu lassen. Kann sicher nicht schaden.

12:30

Wenn die Glocke in Bad Clevers bimmelt, öffnen sich wie bei einem Adventskalender alle Türen und die Gäste strömen zum Essen.

Heute gibt es gedünstetes Huhn mit Gemüse und Kartoffeln. Ich stürze mich auf das Essen, kaue aber mittlerweile sehr langsam und sorgfältig. Das Resultat: Ich habe mehr als die Hälfte stehen gelassen! Ich kann es gar nicht glauben, doch sobald ich das erste Sättigungsgefühl spüre, höre ich auf zu essen. Das ist gar nicht so einfach, denn die ganzen antrainierten Gewohnheiten und Leitsätze wie »Aufessen!«, »Ich kann doch nicht schon satt sein!« oder »Ich esse wenigstens noch die Kartoffel!« sind immer wieder präsent. Auch nun fragt mein Innerstes wieder: »Ich kann doch gar nicht satt sein?« in Anbetracht der Menge, die ich gegessen habe beziehungsweise der Menge, die sich noch auf dem Teller befindet. Doch, es ist so. Basta! Das ist vermutlich auch die einfachste Diät der Welt: aufhören, wenn man satt ist.

Gerade beim Frühstück ist es so, dass man – wie gewohnt – ein Marmeladenbrot gefälligst aufisst und nicht angebissen auf dem Teller liegen lässt. Schon unsere Eltern haben uns klar gemacht, dass man das, was man sich nimmt, auch isst. Ich merke nun, dass es ganz schwierig ist, sich die richtige Menge auf den Teller zu nehmen. Die Augen sind meist größer, aber das kennen Sie sicher. Ich nehme mir ganz fest vor, dass nun mein Sättigungsgefühl das Kommando übernimmt. Das Gefühl für die richtige Menge auf dem Teller werde ich schon noch lernen. Wenn ich im Moment die Portionen mit denen vergleiche, die ich vor der Kur gegessen habe, dann ist das sicher weniger als ein Drittel. Das, was ich früher als »Stockzahnfüllung« bezeichnet hätte, ist mir nun mehr als genug! Schön. Tolle Erkenntnis! Ich will nicht mehr die großen Portionen. Unglaublich!

14:00

Das Verwöhnprogramm mit Aroma-Körperwickel und Peeling, Ganzkörpermassage, Packung, Kopfmassage und abschließender Pflege während 90 Minuten ist einfach ein Traum. Manchmal habe ich das Gefühl, dass mein Körper, meine Haut und meine Seele nicht wissen, was im Moment los ist. So viel Entspannung und Wohlfühlen gab es schon lange nicht. Das ist für mich der wahre Luxusurlaub. Wenn ich mir vorstelle, dass ich wie viele andere irgendwo in Ägypten in einem Fünf-Sterne-Bunker im klimatisierten Zimmer schmachte, mich zu den Mahlzeiten schleppe und mich bei 40 Grad im Schatten am liebsten in Shopping-Malls tummeln müsste – nein danke. Ganz abgesehen davon, dass es der Gesundheit und Erholung in meinen Augen nicht wirklich dienlich ist. Wenn es so heiß ist, liegen alle wie halbtote Fliegen herum, weil Bewegung im Freien ja fast unmöglich ist. Nein danke! Schön ist es hier in Bad Clevers!

Heute Abend bekomme ich Pellkartoffeln mit Kräuterquark. Ich könnte mich hineinlegen. Aber nach eineinhalb Kartoffeln ist Schluss. Ich bin schon wieder satt. Meine Augen treiben mich an, noch mehr zu essen, aber da ich beschlossen habe, auf meinen Magen zu hören, haben sie mittlerweile keine Chance mehr. Irgendwie macht es mich im Nachhinein immer stolz, dass ich nicht zu viel gegessen habe. Wenn ich nun die Kalorien der letzten Jahre zusammenzählen würde, die ich immer zu viel gegessen habe, weil ich fast bis zum Platzen gegessen habe, könnte man – glaube ich – vier Personen ein Jahr lang ernähren.

Mit dem Gedanken, dass nun alles anders wird, gehe ich zufrieden ins Bett.

Fazit Gesamtbefinden Tag 13

Mein Allgemeinbefinden ist gut. Nur auf große Anstrengungen sportlicher Natur habe ich keine große Lust. Mir ist – Gott sei Dank – nicht schwindlig, und ich fühle mich eigentlich ganz gut, trotz immer noch niedrigen Blutdrucks. Naja, wird schon wieder werden. Mit dem Mehr an Essen kommt hoffentlich auch mein Blutdruck wieder. Lieber zu tief als zu hoch. Hauptsache, ich fühle mich mit dem niedrigen Blutdruck wohl, sagt die Ärztin. Christoph ist heute besser drauf. Naja, macht nichts. Es kann ja jeder das tun oder nicht tun, wozu er motiviert ist. Das ist auch das Schöne, wenn man es zu zweit macht. Man kann sich austauschen, Dinge zusammen machen oder auch nicht. Man trifft sich sowieso immer wieder mal im Bademantel auf den Gängen. Zum Glück!

Tag 14
Wer hat da Mitleid mit wem?

2. Tag MAD 2

`07:30`

Der Wecker hat mich aus dem Tiefschlaf gerissen. Mein erster Gedanke: »Guss!« Heute habe ich mir freiwillig einen Schenkelguss »gewünscht«. Langsam finde ich Gefallen an der Prozedur. Das Gefühl danach ist einfach gut. Der Tag beginnt viel schwungvoller und dynamischer. Den immer kleiner werdenden Schweinehund, der einen am liebsten im Bett festhalten würde, besiege ich bereits sehr souverän.

Das nachfolgende Frühstück auf der Terrasse ist wieder ein Genuss. Mein geliebtes Brötchen mit ein bisschen Butter, Schinken und Mandelmus.

Als wir so auf der Terrasse sitzen und frühstücken, beobachte ich eine Dame durchs Fenster, wie sie ihr Frühstück einnimmt. Wenn sie das Brötchen fünf Mal kaut, bevor sie schluckt, ist das viel. Dazu trinkt sie jede Menge Saft und Kaffee und blickt immer wieder auf unseren spartanischen Frühstückstisch. Wahrscheinlich hat sie Mitleid mit uns. Tatsächlich aber haben wir Mitleid mit ihr, da wir uns nun vorstellen können, was sie mit dieser Essweise ihrem Körper antut. Ich muss noch anführen, dass die Dame schwer übergewichtig ist, ich schätze 120 Kilogramm bei 1,60 Meter Körpergröße. Naja, es muss jeder selbst drauf kommen, was ihm guttut.

Gerade erst aufgestanden geht's gleich schon wieder zum Entspannen.

Die Schwebeliege-Entschlackungspackung ist wirklich eine meiner Lieblingspackungen. Langsam frage ich mich allerdings, ob ich überhaupt noch etwas zum Entschlacken habe bei den vielen Behandlungen, die bei dieser Kur dabei sind. Egal. Es ist einfach ein Genuss, 30 Minuten eingecremt und gut eingepackt im warmen Wasser zu schweben.

Eigentlich hätte ich nun wieder um 10:15 Uhr Entspannungsübungen im Gymnastikraum auf dem Programm. Das sage ich kurzerhand ab. Keine Lust heute! Keine Lust, mich schon wieder hinzulegen. Mich reizt viel eher ein kleiner Spaziergang ins Dorf mit ein bisschen Zeitungsshopping. Gesagt, getan. Heute ist es richtig heiß. Ich habe meine Wasserflasche vergessen. Mein Körper schreit regelrecht nach Flüssigkeit. Ich habe das Gefühl, dass ich, wenn ich nicht gleich etwas trinke, die 15 Minuten Fußmarsch nicht mehr bis nach Hause schaffe. Also ab in den Lebensmittelladen, vorbei an den Keks- und Schokoladeregalen, vorbei am frischen Brot und der Käsetheke, direttissimo zum stillen Wasser. Die Rettung! Schon vor der Kasse muss ich einen Schluck nehmen, so durstig bin ich.

Ich flacke mich bis kurz vor Mittag noch in einen Liegestuhl und lasse mir die Sonne auf den Bauch scheinen. Traumhaft! So ein bisschen Sonne brauche ich schon, merke ich. Kurz vor dem Mittagessen mache ich wieder brav meinen feuchten Leberwickel und warte aufs Läuten. So kann man seine Gäste konditionieren!

Heute beim Frühstück haben wir Polenta mit Huhn und Gemüse bestellt. Das Mittagessen ist ein Gedicht. Langsam kommen immer mehr Gewürze dazu. Alles schmeckt sehr intensiv und ist ein Fest für unsere Geschmacksknospen. Wir genießen das Essen in vollen Zügen. Aber ich schaffe wieder nur die Hälfte. Meine Augen können's nicht glauben.

Heute bin ich nach dem Essen sehr müde. Also mache ich ein kleines Nickerchen unter den Bäumen im Garten, bis ein Bayer quer über den Garten schreit:»Na, Wearnar, gehst mit ins Wossa?« Man könnte meinen, er hat den Garten für sich gepachtet. Elefant im Porzellanladen! Naja, zum Glück bin ich so entspannt, dass ich in der Lage bin, keinerlei unnötige Energie in Ärger zu investieren und das ist schon mal nicht schlecht, oder?

16:00

Ich drehe eine Schwimmrunde im Naturteich. Welch ein Genuss! Danach schlüpfe ich in die Sportklamotten und mache mich auf in den Fitnessraum. Eine halbe Stunde Stepper und eine halbe Stunde Krafttraining tun gut.

Der Hunger meldet sich nun kurz vor dem Abendessen merklich. Ich nehme noch meine zwei Säure-Basen-Tabletten ein und schmeiße mich unter die Dusche. Die Säure-Basen-Tabletten nehmen wir immer noch ein, allerdings haben wir die Menge reduziert, da wir die Nährstoffe nun wieder vermehrt mit der Nahrung zu uns nehmen.

18:00

Bimmel, Bimmel! Welch Wohlklang in meinen Ohren. Heute gibt's gebratenen Lachs mit Pellkartoffeln, Gemüse und Quark. Was ich feststellen muss, ist, dass mir der Lachs durch das gründliche Kauen fast versalzen vorkommt, was natürlich überhaupt nicht der Fall ist. Allein meine Geschmacksnerven sind so empfindlich.

Mit dem Gedanken, dass ich morgen bereits MAD 3 bin, das heißt praktisch fast alles wieder essen darf – mit Ausnahme von rohem Gemüse oder Obst, Alkohol, Kaffee und Vollkornprodukten – schlafe ich sehr zufrieden ein. Das Gröbste ist überstanden.

Tag 15
Schenkelguss … ganz freiwillig

1. Tag MAD 3

Heute Morgen werde ich mal höchstpersönlich für einen Schenkelguss sorgen. Schließlich möchte ich das zu Hause fortführen und da kann man mit dem Üben nicht früh genug anfangen. Gesagt, getan. Ich mache doch tatsächlich freiwillig einen Kneippguss in meiner Dusche! Ich fühle mich nun wie neu geboren. Energie pur. Tja, langsam finde ich Gefallen daran. Als Draufgabe biete ich meinem Partner an, ihm einen Ganzkörperguss zu machen. Er lehnt dankend ab. Würde ich auch an seiner Stelle, denn ich muss zugeben, eine kleine sadistische Ader besitze ich sehr wohl.

Auf jeden Fall ist mein Blutdruck nach diesem Guss sicherlich gestiegen. Er war ja gestern immer noch relativ niedrig.

Ja, ja, jetzt haben wir es geschafft: MAD 3 steht vor der Tür. Heute frühstücken wir neben (!) dem Buffet und dürfen bis auf rohes Obst, fette Wurst, grobkörniges Müsli oder grobes Vollkornbrot alles essen. Jupiduuh!

Ich schreite das Buffet ab und allein schon der Gedanke, dass ich heute nehmen kann, wonach mir ist, macht den Tag ein bisschen schöner. Interessanterweise gelüstet es mich einfach mal nach einer Scheibe Sauerteigbrot. Verständlich, nach zwei Wochen trockenem Dinkelbrötli ist Abwechslung gefragt. Wir lassen uns zwar immer noch als Basis das Dinkelbrötli servieren, aber ein Bissen Schwarzbrot oder so ist schon drin. Wer hätte gedacht, dass man sich auf Schwarzbrot mit Butter so freuen kann. Und es schmeckt ausgezeichnet. Ich nehme mir noch ein bisschen feines Hirsemüsli mit pürierten Himbeeren – ein Genuss. Meine Portionen auf dem Teller sind allerdings so mickrig, dass ich mir neben all den anderen Gästen wie ein Piepmatz vorkomme. Am Nebentisch hat ein Ehepaar schon mal sechs verschiedene Brötchen gebunkert – das wäre für mich zurzeit eine Dreitagesration. Der Kuchen ist auch schon mal vorsichtshalber auf einem separaten Tellerchen reserviert – man weiß ja nie – womöglich ist später nichts mehr da. Die Frau kommt mit dem Wurst-Käseteller und geht nochmal zum Buffet, um für beide noch eine Schale Müsli mit frischen Früchten zu holen, ein bisschen was Gesundes. Das Interessante aber kommt noch. Das Ehepaar hat die sechs Brötchen schneller verdrückt, als ich eine Scheibe von meinem trockenen Dinkelbrötchen mit ein bisschen Butter und Mandelmus! Ich denke mal, es waren ungefähr zehn Minuten, die sie gebraucht haben.

Was mir extrem auffällt, ist, dass alle um uns herum praktisch überhaupt nicht kauen, maximal fünf bis zehn Mal, dann schlucken. Der Darm bekommt ganz schön etwas zu tun, denke ich mir, und beiße genussvoll in mein Schnittchen.

Wobei ich mich immer wieder ertappe, ist, dass sich die innere Stimme – gefüttert mit Informationen der Augen – immer wieder zu Wort meldet. »Nimm noch ein Stück Kuchen«, oder »Den Käse musst du auch noch probieren«, oder »Cornflakes oder eine Nussschnecke, lecker!«. Die Gier, beziehungsweise die Denk- und Essmuster, muss ich immer wieder und zwar bei jedem Essen ganz bewusst löschen. Ich denke mir dann einfach, ich tue mir etwas Gutes, wenn ich nicht auf meine innere Stimme, sondern auf mein Sättigungsgefühl höre.

Ein Blick auf die Bäuche des Ehepaars, das sich abschließend über die rechtzeitig reservierten Kuchenstücke macht, lässt mich entspannt zurücklehnen. Da lob ich mir doch meine Disziplin.

Ansonsten waren wir heute bei strömendem Regen ein bisschen spazieren.

Mein Darm braucht offensichtlich noch ein bisschen, um sich wieder an die Verdauungsarbeit zu gewöhnen. Toilettentechnisch geht seit vorgestern nichts mehr. Gemäß meiner Ärztin Frau Angerer-Schmidtchen muss ich morgen, sollte sich in der Zwischenzeit von selbst nichts tun, nochmal zum Bittersalz greifen.

Sportlich fühle ich mich jetzt, mehr als zwei Wochen nach Beginn der Kur, sehr fit. Ich bin auch sehr motiviert und verbringe noch eine halbe Stunde im Kraftraum an den Geräten. Ich bin sogar so motiviert, dass ich gleich mehr Gewicht draufhaue. Das tut wirklich gut. Es tut gut, zu spüren, dass nun die Kraft zurückkommt.

Das Wahnsinns-Action-Gefühl hat sich bei uns beiden aber noch immer nicht wirklich eingestellt. Wir merken, dass wir nun durch das erweiterte Speiseangebot und sicherlich auch durch das vermehrte Essen von Kohlenhydraten (morgens und mittags) wesentlich an physischer Kraft wiedergewinnen. Das ist ja schon mal etwas.

An dieser Stelle muss ich anmerken, dass ich mich gewichtsmäßig langsam wieder sehr wohl fühle. Der Bauch ist fast flach, die Hosen passen wieder, der Gürtel geht zwei Löcher weiter zu und ich fühle mich einfach insgesamt leichter. Ich muss sagen, das ist ein gutes Gefühl. Für mich wird diese F. X. Mayr-Kur zum Startschuss für eine noch gesündere und vor allem intelligentere Ernährung. Angefangen beim gründlichen Kauen über das Essen-Aufhören bei Sättigung bis hin zu drei Mahlzeiten pro Tag, um den Insulinspiegel wieder zu senken und somit die Fettverbrennung nicht zu blockieren.

Auf diese Insulin-Kost möchte ich nun schon während der Kur umsteigen. Ich erhoffe mir vor allem für den Abend ein paar kreative Eiweißgerichte. Morgens können wir alles an Kohlenhydraten essen, worauf wir Lust haben, am Mittag Eiweiß und

Kohlenhydrate gemischt und sogar noch ein Dessert, und abends ein eiweißhaltiges Abendessen, um den seit dem Mittagessen gesunkenen Insulinspiegel am Abend nicht mehr ansteigen zu lassen. Somit verbrennt mein Körper die ganze Nacht Fett. Klingt plausibel, oder? Ist es auch.

`18:00`

Abendessen. Welch Genuss. Die Köchin hat uns heute einen tollen Teller gezaubert: Eine Scheibe Roastbeef, einen Gemüse-Ei-Flan und marinierte Eierschwammerl, es schmeckt wirklich ausgezeichnet.

`20:00`

Heute haben wir uns dazu aufgerafft, beim gemeinsamen Singabend dabei zu sein. Ein Kurgast, der Hans, spielt Gitarre und hat das in den letzten zwei Wochen schon zwei Mal gemacht. War eh ganz lustig. Ein Glaserl Wein wäre nicht schlecht gewesen, aber dazu ist es für uns noch zu früh. Der Abend lief so ab, dass sich aus den bereits im Vorfeld verteilten Singbüchern jeder Gast der Reihe nach ein Lied aussuchen durfte, welches dann von Hans auf der Gitarre begleitet und von uns Kurgästen lautstark gesanglich unterstützt wurde. Mein Wunsch wurde leider ein Reinfall: »Schifoan« von Wolfgang Ambros. Da taten sie sich schwer, die Bayern und Schwaben. Es klang leider wie eine Schallplatte, die zu langsam lief. Aber was soll's! Wir sangen ein paar Lieder mit und verabschiedeten uns dann französisch, wenn Sie wissen, was ich meine. Das heißt, wir gingen einfach, ohne uns zu verabschieden, still und leise. Wir kamen uns dann nämlich doch ziemlich alt vor beim Schunkeln von »Marina, Marina, Marina« oder »Es gibt kein Bier auf Hawaii«.

Morgen haben wir wieder einen Arzttermin. Ich bin gespannt. Ich muss sicher wieder auf die Waage.

Tag 16
Ein Adonis beim Kneippguss

2. Tag MAD 3

`07:00`

Heute sind wir schon wieder im Gießraum und warten. Christoph ist vor mir dran. Er gehört zu den ganz Harten. Er macht freiwillig einen Ganzkörperguss. Unter dem Bademantel hat er eine Badehose an, weil er der Meinung ist, es gehe auch mit Badehose. Wie gesagt, bekommt man ja die ganze Konversation in den Gießräumen mit. Ich muss schmunzeln, als ich die Therapeutin sagen höre: »So, dann zieh'ma die Badehose aus, damit nichts zwickt und zwackt!« Als ob bei einem Guss etwas zwicken oder zwacken würde. Die gleiche Therapeutin hatte ihm drei Tage zuvor angeboten, dass er für das Algen-Meersalz-Bad ruhig die Badehose ausziehen könne, wenn er wolle. Nachdem sie das gesagt hatte, verließ sie nicht, wie man es erwarten würde, den Raum, sondern wartete mit verschränkten Armen darauf, dass Christoph in die Wanne steigt. Den Gefallen hat er ihr an diesem Morgen allerdings nicht getan. Souverän stieg er mit Badehose in die Wanne.

Wir sind beide davon überzeugt, dass sie diese zweite Gelegenheit nicht auslassen wollte und einfach mal einem Adonis, so wie ihn die Natur schuf, einen Guss verpassen wollte. Wenn man sich die Durchschnittsfiguren der Männer im Hotel anschaut, kann man sie verstehen. Christoph musste auf jeden Fall auch schmunzeln.

Frühstück – ein Genuss! Die innere Stimme, die immer noch versucht, mich zu einem erneuten Gang zum Buffet zu überreden, habe ich mittlerweile gut im Griff. Da ich aber die Mengen zu diesem Zeitpunkt noch nicht gut einschätzen kann, bin ich lieber vorsichtig. Ich möchte am liebsten nichts übriglassen. Es gelingt mir auf diese Art und Weise schon sehr gut. Man kann ja wirklich noch einmal gehen, wenn man nicht satt geworden ist. Außer man hat Angst, dass man zu kurz kommt, so wie das Ehepaar gestern beim Frühstück. Auch heute glaube ich bei einigen Kurgästen einen eindeutigen Hinweis auf eine drohende Hungersnot zu erkennen, wenn ich ihre Teller anschaue.

10:00

Aromamassage.

11:30

Arzttermin

Ab auf die Waage. Wieder ein Kilogramm weniger! In Summe sind es nun drei Komma zwei Kilo die ich verloren habe. Super! Mal schauen, ob ich die wieder zunehme oder ob ich sie halten kann. Schließlich ernähre ich mich nun in den nächsten Tagen fast wieder normal, bis auf die Essensmengen, weil ich einfach nicht mehr so viel essen kann. Und noch eine gute Neuigkeit: Mein Blutdruck ist heute das erste Mal wieder in der Höhe: 120/70. Ich freue mich. Bei niedrigem Blutdruck fühle ich mich eher müde und abgeschlagen.

Ich frage nochmal nach, was wir bei MAD 3 nun alles essen dürfen und erhalte die in meinen Ohren wohlklingende Nachricht: »Alles, außer Paniertes, Fettes, Vollkornprodukte, Alkohol und Rohkost.« Na, wenn das mal nicht gute Nachrichten sind. Das heißt, wir können uns nun immer morgens ein Menü von der Karte für mittags und abends aussuchen. Ich bestelle für mich am Abend vor allem eiweißhaltige Kost. Mal schauen, ob ich gut schlafe und wie ich das Eiweiß am Abend vertrage. Gemäß F.X. Mayr sollte man am Anfang der MAD 3 mit Eiweiß am Abend noch eher vorsichtig sein, vor allem mit tierischem Eiweiß.

`12:30`

Mittagessen. Tortellini mit Ricottafüllung und Gemüse. Ein Genuss. Da ich wusste, dass es noch ein kleines Dessert gibt, habe ich früh genug mit den Tortellini aufgehört, obwohl es mir sehr schwer fiel. Dafür hatte aber dann die Vanillecreme mit Apfelkompott noch Platz. Endlich wieder (fast) normal essen!

Interessant ist, dass uns immer mehr Kurgäste auf die Kur ansprechen. Lustig war eine eher dicke Dame, die im Vorbeigehen meinte: »Na, bringt des wos?« Wir konnten nur bejahen. Vermutlich schmiedet sie nun schon Pläne, dass sie auch mal ihr Hüftgold loswerden könnte. Als ich noch hinzufügen will, dass die Kur nichts mit Abnehmen zu tun hat, ist sie schon wieder weg.

Am Vormittag haben mich dann auch noch drei Herren angesprochen, was wir denn da genau machen und ob das nicht den Jo-Jo-Effekt begünstige, weil man doch nichts esse, und der Körper auf Notstrom schalte und dass sie das irgendwo gelesen hätten und bla, bla, bla. Außerdem seien wir ja eh schlank. Ich verwies sie darauf, das Buch von Dr. Erich Rauch zu lesen, damit wir dann weiter diskutieren können. Ich kann mich ja schwer mit jemandem geistig duellieren, der unbewaffnet ist.

Gefülltes Gemüse mit Kürbis. Hervorragend. Meine Augen können mal wieder nicht glauben, dass ich von so einem bisschen Gemüse satt werden kann und fordern innerlich eine Scheibe Brot. Das lasse ich aber nicht zu, denn Brot würde meinen Insulinspiegel wieder in die Höhe treiben und das möchte ich jetzt am Abend nicht mehr. Wir bestellen uns als Dessert noch ein bisschen Naturjoghurt und verlassen den Tisch gesättigt, aber nicht überfressen. Ein gutes Gefühl, glauben Sie mir! Probieren Sie es aus! Man könnte sich dran gewöhnen!

Tag 17
Wie war das nochmal mit dem »Aufhören, wenn man satt ist«?

3. Tag MAD 3

Heute darf der Wecker mal läuten, ohne dass der erste Gedanke »Kneippguss!« ist. Was für ein herrliches Gefühl. Da mümmle ich mich doch gleich nochmal in meine warme Decke ein! Und dann passiert das Unglaubliche: Ich habe Lust auf einen Schenkelguss! Ich hatte ja vorgestern schon mal probehalber einen selbst gemacht und fand das gar nicht so schlecht. Zur Sicherheit frage ich nochmal bei meinem Oberstübchen nach. Die Antwort ist eindeutig: »Schenkelguss – ab in die Dusche!«. Gesagt, getan. Ich kann Ihnen nur sagen: herrlich! Vor allem, wenn man nach dem letzten eiskalten Guss die Füße abstreift und dann ein bisschen bewegt, merkt man richtig, wie das Leben in den ganzen Körper einfährt. Übrigens ist die medizinische Wirkung eines Ganzkörpergusses auf den menschlichen Organismus nicht wesentlich größer, als ein anderer Teilguss.

`07:35`

Vor dem Frühstück ein herrliches Meersalz-Algenbad von 20 Minuten! Was kann es Schöneres geben?

Heute haben wir ansonsten kein Programm. Heute ist mein Geburtstag: 44 werde ich. Durch die Kur schaue ich aus wie 33! Gespannt bin ich, wie die BIA-Messung am Schluss ausschaut mit Fett-Muskelmasse-Anteil. Ich hoffe, dass ich durch das Krafttraining keine Muskelmasse abgebaut habe. Wenn man nämlich wenig isst und viel Sport macht, holt sich der Körper die Energie, die er braucht, aus den Muskeln. Wer viel Sport macht, muss auch viel essen, allerdings die richtigen Kohlenhydrate, nämlich vollwertige, also langkettige Kohlenhydrate. Man sagt: »Im Feuer der Kohlenhydrate verbrennen die Fette!« Also Männer, ran an die Nudeln!

Mittags treffen meine Eltern aus Österreich ein. Meine Mutter kann sich nun endlich überzeugen, dass noch etwas von mir übrig ist. Sie hatte ja schon Angst, dass ich als Skelett zurückkomme. Ich kann Ihnen versichern, dass ich genügend Reserven hatte, aber wie halt Mamis so sind, sie glauben es nicht. Das Hotel hat uns zum Mittagessen einen wunderschönen Tisch gedeckt und auch noch einen Geburtstagskuchen gebacken. Wirklich sehr aufmerksam! Ich bestelle mir zur Feier des Tages ein Gläschen Prosecco. Das muss einfach sein, obwohl ich das nicht unbedingt trinken sollte in dieser Phase der Kur. Aber was soll's, man muss nicht immer päpstlicher sein als der Papst. Es schmeckt mir ausgezeichnet!

Den Kaffee (nicht für uns) und den Kuchen nehmen wir draußen in der Gartenlaube ein, nachdem es nun zum Glück aufgehört hat zu regnen. Ich muss mir zu meinem Leidwesen eingestehen, dass ich mich heute – nach 17 Tagen – das erste Mal wieder so richtig überfressen habe mit Suppe, Hauptgang, Dessert plus Geburtstagskuchen. Heute haben wieder mal die Augen das Kommando übernommen und meine innere Stimme entschuldigt diese Vorgehensweise gleich mit dem immerfort selben Satz: »Heute ist es egal! Ich habe ja nur einmal im Jahr Geburtstag!«

Das Resultat ist nun, dass ich total vollgefressen bin und mich ziemlich unwohl fühle. Wie war das nochmal mit dem Aufhören, wenn man satt ist? Das erinnert mich an die Zeit vor der Kur. Ich sage mir innerlich zur Festigung: »Nein, ich will mich ab jetzt nicht mehr überessen!«

Von mir aus hätte das Abendessen ausfallen können nach den Schlemmereien am Mittag. Aber ein bisschen Gemüse schadet nicht. Außerdem kocht der Küchenchef so köstlich und kreativ, dass man zumindest eine halbe Portion essen muss. Gesagt, getan. Dann fallen wir ziemlich früh ins Bett.

Tag 18
Das Ende der »Käfer auf dem Rücken«

4. Tag MAD 3

Heute Morgen erhalten wir um 6:30 Uhr eine Fangopackung im Bett. Wunderbar.

Dann mache ich wieder freiwillig meinen Schenkelguss und schreite wach und topfit zum Frühstück.

`09:30`

Arzttermin. Bauchmassage und Blutdruckmessung. Alles paletti.

`10:50`

Lymphdrainage 60'. Das ist wohl die angenehmste Form der Massage. Da drifte ich immer weg.

Mit den Leberwickeln vor dem Mittagessen und vor dem Abendessen haben wir nun aufgehört. Wir machen sie nur noch, wenn wir motiviert sind. Auf jeden Fall tun sie gut und haben den angenehmen Nebeneffekt, dass man sich vor dem Essen noch ausruht. Das Ausruhen wiederum kommt dann dem Magen und Darm zugute, die sich ausgeruht an die Verdauung machen können. Wir haben uns vorgenommen, dass, wenn es möglich ist, zu Hause auch ab und zu zu machen. Mal schauen, was wir davon dann tatsächlich umsetzen.

Mittagessen

Nachmittags sind wir motiviert, eine kleine Wanderung zu machen. Ich bin gespannt, wie fit ich bin. Schlussendlich laufen wir im Hinterland von Bad Clevers doch über zweieinhalb Stunden eifrig durch den Wald. Es ist auch ein traumhafter Weg in einer traumhaften Landschaft. Ein Streckenabschnitt nennt sich »Dachsweg«. Ich kann mir gut vorstellen, dass sich da der Dachs wohlfühlen muss. Allerdings bin ich nun nach dem Spaziergang so geschafft, dass ich vor dem Abendessen noch ein kleines Nickerchen im Liegestuhl machen muss.

18:00

Abendessen. Jedes Abendessen ist ein Genuss und vor allem eine gute Inspiration für das eiweißbetonte Kochen für zu Hause. Das möchte ich unbedingt fortführen. Vor allem welche Lebensqualität – nicht vollgefressen im Bett zu liegen, sondern sich vital und gut zu fühlen. Ich kann mir vorstellen, dass ich in Zukunft die Abende wesentlich aktiver gestalten werde als bisher. Nach dem Abendessen schafften wir es vor allem noch bis zur Couch, wo wir dann lesend oder fernsehschauend den Abend »rumbrachten«. Oft lagen wir im Bett wie Käfer auf dem Rücken, da wir so vollgegessen waren und eine andere Körperhaltung gar nicht möglich gewesen wäre.

Übrigens hier noch ein Hinweis für die Verfechter des Rotweins vor dem Einschlafen: Alkohol ist zwar eine gute Einschlafhilfe, aber die Durchschlafqualität in der Nacht leidet.

Tag 19, 20 und 21
Endspurt

5. Tag MAD 3

Die letzten drei Tage der Kur vergehen wir im Flug. Das Essen wird jeden Tag variantenreicher und wir fühlen uns bestens.

Einmal spazieren wir nach dem Frühstück nach Bad Grönenbach und bestellen als kleines Dankeschön eine Torte für die Gastgeberfamilie. Wir haben uns wirklich in diesem Haus sehr wohl gefühlt und wurden toll betreut. Als wir dann so in der Konditorei stehen, beschließen wir, uns am Samstag, unserem letzten Kurtag, einen Zwetschgendatschi zu gönnen. Schließlich sind wir die letzten drei Wochen doch ein paar Mal an dem Schild »Heute frische Zwetschgendatschi« eisern vorbeispaziert. Als kleine Belohnung für unsere unglaubliche Disziplin freuen wir uns schon heute riesig auf den Datschi.

Dann flacken wir uns oft noch ein bisschen in den Liegestuhl, lassen uns die Sonne auf den Bauch scheinen oder drehen eine Runde im Teich. Wir sind mittlerweile sehr entspannt und genießen die Ruhe dieses Hotels in dieser traumhaften Lage

Mittags essen wir mittlerweile wieder Spaghetti Carbonara mit Schinken und Erbsen und genießen es in vollen Zügen. Das Essen ist einfach hervorragend, allerdings essen wir nur noch die Hälfte der Portionen, die wir vor der Kur verdrückten.

Vor dem Abendessen geht's dann meist noch für eine Dreiviertelstunde in den Kraftraum. Wir wollen uns das Essen ja schließlich verdienen, jetzt, wo wir wieder langsam die Kraft und die Motivation haben.

Abends gibt es zum Beispiel einen Gemüseeintopf mit pochiertem Ei. Ausgezeichnet. Aber immer noch habe ich die innere Stimme, die ein Stückchen Brot verlangt. Das Auge hat wohl wieder einmal das Gefühl, dass es nicht satt wird. Zum Glück kann es mittlerweile reden und signalisieren, was es will. Beim Essen hat es nichts mehr zu melden. Daran wird es sich wohl noch eine Zeit lang gewöhnen müssen.

Abends hören wir uns noch diverse Vorträge an, zum Beispiel über Mikro- und Makronährstoffe. Die Quintessenz des Vortrags ist, dass, wenn man sich vielseitig ernährt und von allem isst, man sich automatisch gesund ernährt und auch alle Nährstoffe, die der Körper braucht, aufnimmt.

Übrigens schlafen wir nun in der dritten Woche wieder hervorragend. Der einzige Nachteil, wenn man am Abend eher Eiweiß und Gemüse isst, ist, dass man in der Nacht mindestens ein Mal auf die Toilette muss. Das Gemüse treibt einfach. Aber wenn es nur das ist. Mir ist wichtig, dass die Fettverbrennung in der Nacht funktioniert.

Am Tag 20 steht dann der letzte Labortermin an. Nochmals wird Blut abgenommen, damit das Kalium und die Harnsäure überprüft werden können. Die Waage zeigt wieder 800 Gramm weniger an. Super!!! Und das, obwohl ich nicht hungere und alles esse. Toll! Das mit dem eiweißhaltigen Abendessen scheint wirklich zu funktionieren.

Außerdem wird nochmal die BIA-Messung mit Strom gemacht. Ich bin wirklich schon gespannt auf die Auswertung. Glück gehabt: Von drei Kilogramm weniger sind zwei Komma vier Kilogramm Fett, das ich abgebaut habe. Toll!

Mit der selbstständigen Verdauung funktioniert es bei mir noch nicht so ganz und so nehme ich heute vor dem Mittagessen, am dritten Tag ohne Stuhlgang, nochmal Bittersalz. Ein Semmelchen, zwei Teelöffel Haferflockenmüsli, ein bisschen Marmelade und Butter. Zum Mittag esse ich auch nur noch ungefähr ein Fünftel von dem, was ich vorher verschlungen habe und am Abend gibt's wieder ein bisschen Gemüse und Eiweiß. Da kann ein Darm ja nicht voll werden. Naja, wird sich schon wieder einrenken, ist in dieser Phase offensichtlich ganz normal.

Nun ist die Kur zu Ende, morgen reisen wir wieder ab. Schön war's und übrigens: »Wir waren nicht deppert!«

Die Beantwortung der Frage
»Seid ihr deppert?«

Also diese Frage können wir definitiv mit »Nein« beantworten. Es war für uns schon ein Experiment, da wir noch keinerlei Erfahrungen mit irgendwelchen Kuren oder Kurhotels hatten und es verlangte von uns ein hohes Maß an Offenheit und Bereitschaft, sich auf dieses Unbekannte einzulassen. Schlussendlich war es für uns körperlich und mental ein unglaublicher Gewinn. Unser Körperbewusstsein wurde gesteigert, unsere Geschmacksknospen geschärft, unsere Fähigkeit, sich zu spüren, gefördert und ein unglaubliches Sich-wohl-fühlen-in-seiner-Haut geschaffen. Christoph und ich, da sind wir uns einig, sind fest davon überzeugt, dass man diese Kur einfach machen muss, um mitreden zu können. Und zwar nicht neben der Arbeit, dem Alltag und der Hektik, sondern in einem besonderen Rahmen, in Ruhe und mit bester ärztlicher Betreuung.

Einstieg in die Kur:
Nachdem wir aber die schwierigste Phase der Kur – unseren Freunden und unserer Familie die Idee nahezubringen – hinter uns hatten, im Gesundheitsresort & Spa Bad Clevers eingetroffen waren und es mit einem pürierten Süppchen nach der Anreise los ging, legten wir den Schalter um und verabschiedeten uns innerlich von vielen vermeintlich unabdingbaren Köstlichkeiten an Buffets und auf Speisekarten. Wir ließen uns im wahrsten Sinne des Wortes in die Kur »fallen«.

Auf jeden Fall empfehlen wir vor der Kur eine sogenannte Vorbereitungsphase, in der – wie bereits im Buch beschrieben – zum Beispiel Zucker, Kaffee, etc. weggelassen werden, um Entzugserscheinungen abzufedern.

Wie war die Kur zu zweit?

Uns hat das sicherlich geholfen. Wir konnten uns über die Befindlichkeit jeden Tag austauschen und auch gegenseitig ermuntern. Der Austausch über Fortschritte, Wohlbefinden und Bedenken tat uns gut. Wir hatten uns beide zu dieser Kur entschlossen und nun wollte sich wahrscheinlich auch keiner von uns eine Blöße geben und schwach werden. Anfangs hatte ich noch Bedenken, ob das wohl gut gehen wird, wenn wir drei Wochen aufeinander kleben. Dank eines sehr ausgefüllten Kurplanes war es aber dann so, dass wir uns meist nur zum Essen sahen und dazwischen jeder im Bademantel seinen Behandlungen und seinem Sportprogramm nachging. Es bestand also keine Gefahr, sich auf den Geist zu gehen. Wir genossen die gemeinsame Zeit, aber auch die Zeit, die wir uns für uns selbst nahmen und uns zurückzogen in eine der vielen Ruheoasen. Wir konnten also beides genießen: Zeit alleine und Zeit gemeinsam.

Wie wichtig ist die Wahl des geeigneten Hotels?

Die Wahl des richtigen Hotels ist sicherlich ausschlaggebend für den ganzheitlichen Erfolg der Kur. Wir hatten das für uns ideale Hotel mit Bad Clevers in Bad Grönenbach gefunden.

Dieses Haus ist so wundervoll und liebevoll geführt, dass man sich nur wohlfühlen kann. An einem Schwimmteich und am Waldrand gelegen, bietet es unzählige Möglichkeiten, sich zurückzuziehen und Ruheoasen zu finden. Denn nicht nur das Fasten, sondern auch das Besinnen auf sich selbst, das Nachdenken und zur Ruhe kommen sind wichtige Säulen. Zwischen dem Kurprogramm hatten wir immer Zeit, unter einem Baum ein Buch zu lesen, einfach im Liegestuhl am Teich in der Sonne zu dösen oder einen gemütlichen Spaziergang durch die Wälder des Allgäus zu machen. Wir hätten uns keinen schöneren Ort für unsere Kur vorstellen können. Bad Clevers ist ein besonderer Ort, an dem Körper, Geist und Seele in Einklang kommen. In Bad Clevers haben wir uns von Beginn an wohl gefühlt. Es ist ein Zufluchtsort und eine Kraftquelle für uns, noch heute. Das Motto »Vieles kann – nichts muss« ist die beste Voraussetzung für einen Wohlfühlurlaub und eine Kur in wunderbarer Umgebung. Für uns war es eine Zeit der Ruhe und Muße, fernab von Hektik und Lärm.

Wie war der Verlauf der Kur im Rückblick?

Im Rückblick können wir feststellen, dass nicht der Körper am meisten rebellierte, sondern der Verstand. Loszulassen von falschen Essgewohnheiten, das Einüben des langsamen Kauens, das Hören auf das Sättigungsgefühl, das Aufhören, wenn man satt ist – das waren die wahren Herausforderungen. Irgendwie hatte ich immer das Gefühl, mein Verstand kämpft am meisten gegen die Kur, vor allem in der Phase des strengen Fastens. Mein Körper hingegen fand sich sehr schnell in die Kur ein und er war es sicherlich, der als Erster begann, sich wohl zu fühlen. Als der Körper dann Wohlfühlsignale aussandte, hatte ich den Eindruck, kapierte langsam der Verstand, dass die Kur etwas Gutes ist. Dem Verstand musste erst klar werden, dass keine Hungersnot ausgebrochen ist und dass alles in bester Ordnung ist.

Was wir aber überhaupt nicht verspürten, war der »Ich-könnte-Bäume-ausreißen-Effekt« nach drei bis vier Tagen strengen Fastens, von dem man immer wieder hört. Wir hingen in dieser Zeit völlig in den Seilen, fühlten uns kraftlos und unsere Lieblingsbeschäftigung war eindeutig schlafen. Dieser Effekt während der Kur blieb komplett aus. Wir fühlten uns zwar wohl, aber es war nicht so, dass wir eines Tages aufgewacht sind und uns gedacht haben: »Wow, gebt mir einen Baum zum Ausreißen!« Die Kräfte kamen zwar nach und nach während der Aufbaudiät zurück und wir fühlten uns gegen Ende der Diät sehr wohl, aber nicht so, dass wir das Gefühl hätten, unendlich Energie zu haben.

Wie gelang der Einstieg in den Alltag?

Zurück im Berufsleben stellten wir beide fest, dass nun der »Ich-könnte-Bäume-ausreißen-Effekt« tatsächlich eingetreten ist. Die Zeit nach der Kur waren wir spürbar und ungewohnt energiegeladen. Alles ging leicht von der Hand. Mich musste

man am Abend fast zwingen, schlafen zu gehen. Ich war wach, geistig total fit und auch körperlich fühlte ich mich unglaublich wohl. Christoph erging es gleich. Wir wussten zeitweise gar nicht, wohin mit unserer Energie. Die neuen Essgewohnheiten behielten wir relativ lange bei und wir erinnern uns auch heute noch immer wieder gegenseitig an das langsame Kauen. Unsere Mayr-Ärztin Frau Angerer-Schmidtchen hat uns folgende Grund-regeln für die Rückkehr in den Alltag mitgegeben:

- Die neue Esskultur beibehalten
- Gründliches Kauen und Einspeicheln
- Reichliches Trinken bekömmlicher Flüssigkeiten vor und nach den Mahlzeiten
- Meiden der Kardinalfehler der Ernährungsweise
- Vielseitig und ausgewogen im Säure-Base-Verhältnis.

Ihr Fazit: Ihr Tipp für diejenigen, die über eine F. X. Mayr-Kur nachdenken?
Jedem, der für seine Gesundheit, sowohl körperlich als auch see-lisch, etwas tun möchte, können wir diese Kur ans Herz legen. Sie ist wie eine Generalüberholung beim Auto, wie ein großer Service. Mein Körper, davon bin ich überzeugt, hatte sich diesen Service nach über 40 Jahren reibungslosem Funktionieren red-lich verdient.

Das Wichtigste: Nehmen Sie sich aus dem Alltag heraus, um diese Kur zu machen, suchen Sie sich ein schönes Hotel in einer schönen Umgebung und lassen Sie sich ganz auf diese Kur ein. Nur dann werden Sie sie genießen. Nur dann wird die Kur eine Wohltat für Ihren Körper und Ihren Geist sein. Wagen Sie das Experiment, es ist absolut empfehlenswert. Und wenn jemand fragen sollte »Seid ihr deppert?«, wissen Sie nach der Lektüre dieses Buches sicherlich, was Sie antworten werden!

Ich wünsche Ihnen viele schöne Momente mit sich! Schauen Sie auf Ihren Körper und auf Ihre Seele und genießen Sie das Leben!

Herzlich

Katharina Del Pino

Danke

Ich möchte mich ganz herzlich bei der Hausherrin und Mayr-Ärztin Frau Dunja Angerer-Schmidtchen bedanken. Ohne sie wäre das Buch nicht möglich gewesen. Die tolle Unterstützung bei der Kur im traumhaften Gesundheitsresort & Spa Bad Clevers in Bad Grönenbach im Allgäu und der begeisterte Einsatz für dieses Buch waren wunderbar. Danke auch an Sohn und Arzt Hannes Angerer für die Auswahl der wunderbaren Fotos. Auch meinem Lebensgefährten möchte ich danke sagen. Zu zweit fühlte sich diese Kur eben doch weniger alleine an.

Katharina Del Pino